W0066253

BASTEI
LÜBBE
TASCHENBUCH

Über die Autorin:

Sigi Kube schreibt als Journalistin für verschiedene Frauen- und Wirtschaftszeitschriften. Sie war außerdem Redaktionsleiterin und Autorin der bekannten Hörfunkserie »Die wahre Geschichte« bei Klassik Radio, in der über viele Jahre hinweg interessante Rätselgeschichten aus dem Leben berühmter Persönlichkeiten sowie von fast vergessenen Ereignissen der Weltgeschichte erzählt wurden. Sie hat zudem bereits einige Bücher über die Herkunft alltäglicher Redewendungen veröffentlicht.

Sigi Kube

Aller Abgang ist schwer

Ungewöhnliche Todesfälle der Geschichte

BASTEI
LÜBBE
TASCHENBUCH

BASTEI LÜBBE TASCHENBUCH
Band 60866

Dieser Titel ist auch als E-Book erschienen.

Originalausgabe

Copyright © 2016 by Bastei Lübbe AG, Köln
Textredaktion: Matthias Auer
Titelillustration: © FinePic®, München
Umschlaggestaltung: ZERO Werbeagentur, München
Satz: hanseatenSatz-bremen, Bremen
Gesetzt aus der Adobe Garamond Pro
Druck und Verarbeitung: GGP Media GmbH, Pößneck
Printed in Germany
ISBN 978-3-404-60866-9

1   3   5   4   2

Sie finden uns im Internet unter
www.luebbe.de
Bitte beachten Sie auch: www.lesejury.de

Inhalt

Einleitung *9*

1. **Runter kommt man letztlich immer** *13*
   D. B. Cooper – Alles oder nichts *13*
   Amelia Earhart – Ihr längster Flug *15*
   Enrico Mattei – Signore Agip *18*
   Glenn Miller – Absturz eines Stars *22*
   Camille Muffat – Letzte Herausforderung *24*
   Manfred von Richthofen – Der tote Baron *26*
   Antoine de Saint-Exupéry – Flug ohne Wiederkehr *29*
   Payne Stewart – Geisterflug *32*

2. **Blut ist ein besonderer Saft** *36*
   Jean-Baptiste Lully – Tod durch den Taktstock *36*
   Rainer Maria Rilke – Keine Rose ohne Dornen *38*
   Egon Schiele – Spanische Grippe *40*

3. **Verirrte Geschosse** *43*
   Alfonsito de Borbón – Mysteriöser Todesschuss *43*
   Carel Fabritius – Delfter Donnerschlag *44*
   Marvin Gaye – Tödlicher Vater-Sohn-Konflikt *46*
   Jon-Erik Hexum – Tödliche Langeweile *48*
   Brandon Lee – Auferstehung *50*
   Anton Webern – Rauchen gefährdet das Leben *51*

4. Der letzte Stich *57*

Francesco Borromini – Gereizte Stimmung *57*

Stephen »Steve« Irwin – Krokodiljäger leben
gefährlich *59*

Christopher Marlowe – Dunkle Ehrenmänner *61*

Sisi, Kaiserin von Österreich – Tod im Hotel *63*

Adalbert Stifter – Ein scharfer Schnitt *65*

5. Neptuns Beute *69*

Barbarossa – Spruch des Sterndeuters *69*

Rudolf Diesel – Keine Ankunft in Harwich *71*

Isabelle Eberhardt – In der Wüste ertrunken *73*

Gorch Fock – Roman seines Lebens *76*

Carl Philipp Fohr – Bad im Tiber *78*

Robert Maxwell – Mann über Bord *81*

Tita Piaz – Bad im Brunnentrog *83*

Natalie Wood – Verhängnisvolle Reise *85*

6. Gefahren der Schwerkraft *89*

Charles-Valentin Alkan – Die Wucht der Bücher *89*

Oliver Cromwell – Kopflos *91*

David-Christopher Haubenstock – Stich in Romy
Schneiders Herz *94*

Ödön von Horváth – Unheil von oben *95*

7. Vorsicht im Straßenverkehr *99*

Otl Aicher – Rasenmäher-Unfall *99*

Jean Bugatti – Tödliche Testfahrt *101*

Albert Camus – Verhängnisvolle Wahl *103*

Isadora Duncan – Strangulation durch ein
Fahrzeug *105*

Falco – Kein Weg zurück   *107*
Antoni Gaudí – Unterlassene Hilfeleistung   *110*
Monti Lüftner – Tod auf dem Recyclinghof   *112*
Jayne Mansfield – Kopflos wider Willen   *114*
Margaret Mitchell – Morgen ist kein neuer Tag   *119*
Helmut Newton – Gegen die Wand   *122*

8. **Sport ist Mord**   *125*
Sonny Bono – Gefährliches Vergnügen im Schnee   *125*
Michael LeMoyne Kennedy – Tragische
    Weihnachten   *127*

9. **Das letzte Mahl**   *129*
Sherwood Anderson – Verschluckte Olive   *129*
Lya de Putti – Gefährliches Hühnchen   *131*
Alan Turing – Der giftige Apfel   *132*
Tennessee Williams – Endstation New York   *137*

10. **Schicksalhafte Wendungen**   *139*
Aischylos – Von oben nichts Gutes   *139*
Dan Andersson – Ungezieferbekämpfung   *141*
Archimedes – Kurzer Prozess   *142*
Mustafa Kemal Atatürk – Der indische Paravent   *144*
Johann Sebastian Bach – Tödlicher Starstich   *147*
Claude François – Stromschlag   *150*
Maximilian von Mexiko – Tragödie eines Kaisers   *151*
Rasputin – Vergiftet, erschossen, ertrunken   *154*
Kondrati Rylejew – Nach Begnadigung gehängt   *156*
Mark Twain – Der Halleysche Komet   *158*
Fritz Wunderlich – Letaler Ausrutscher   *160*
Émile Zola – Schwelende Gefahr   *163*

11. **Opfer ihrer Leidenschaft** *167*
David Carradine – Tod im Kleiderschrank *167*
Carolin Wosnitza alias »Sexy Cora« – Tod durch
Größenwahn *169*

12. **Unsichtbare Gefahren** *171*
Francis Bacon – Das Schneehuhn *171*
Giangiacomo Feltrinelli – Unter Hochspannung *173*
Francesco Francia – Im Bann der heiligen Cäcilia *175*
Jimi Heselden – Lautlos schwebend *176*

13. **Sackgasse** *181*
Jim Thompson – Osterspaziergang im Dschungel *181*
Leo Trotzki – Vergebliche Flucht *183*

14. **Einsames Ende** *186*
Ingeborg Bachmann – Dunkle Schicksalsmächte *186*
Hermann Buhl – Sein letzter Gipfel *188*
Kurt Gödel – Eigene Gespenster *190*
William Holden – Trostloses Ende *193*
Edgar Allan Poe – Endstation Gosse *195*
Yvette Vickers – Mumiengeheimnis *196*

15. **Vor aller Augen** *199*
Mahmud al-Sawalka – Wie im richtigen Leben *199*
Bernhard Grzimek – Tierprofessor *200*
Vic Morrow – Der wahre Horror *203*

Einleitung

Eine der beliebtesten Rubriken des Wochenmagazins *Der Spiegel* heißt »Nachrufe«. Jede Woche wird von vielen als Erstes diese Seite ganz hinten im Heft aufgeschlagen, um die traurigen Nachrichten über den Tod der vermeintlich »Unsterblichen« zu lesen. Die Faszination durch den finalen Abgang gerade von Berühmtheiten ist indes keine Besonderheit unserer Gegenwart, sondern sie gab es schon immer.

Auch die Lebensgeschichten so mancher Legenden und Idole sind natürlich spannend, denn sie enthüllen stets einiges von den Geheimnissen des Erfolgs außergewöhnlicher Persönlichkeiten, der häufig begleitet wird von gesteigertem Selbstbewusstsein, aber auch von Überheblichkeit – und manchmal sogar von rücksichtsloser Egomanie. Ihren ganz eigenen Reiz beziehen zahlreiche Biographien aber erst von ihrem Ende her. Erstaunlich ist dabei, dass viele dieser Stars und Sternchen, die so hell geleuchtet haben, auf ganz besondere Weise verglüht sind.

Es mag oft tragisch sein – aber durchaus nicht ungewöhnlich –, dass manch spannende Vita durch ein spektakuläres Ende dramatisiert, ja buchstäblich ihrem Höhepunkt zugeführt wird und uns dadurch umso intensiver in Erinnerung bleibt.

Als »ungewollte Strangulation durch ein Fahrzeug« etwa ist der Tod der Tänzerin und Choreographin Isadora Duncan in die medizinische Fachliteratur eingegangen: Ihr überlanger wehender Seidenschal hatte sich beim Anfahren in den Radspeichen ihres Sportwagens verfangen und sie erwürgt. Vor allem dieses aufsehenerregende Ende der Tänzerin hat dazu geführt, dass ihr Name bis heute bekannt ist. Die Duncan war das erste berühmte Opfer des Automobils – aber bei weitem nicht das letzte. So verlor das sogenannte Busenwunder Jayne Mansfield bei einem Autounfall tatsächlich ihren Kopf …

Wie ein nicht enden wollender Horrorfilm wiederum mutete am 25. Oktober 1999 eine Übertragung des amerikanischen Fernsehens an: Stundenlang filmte eine Kamera den Irrflug und schließlich Absturz eines Learjets. Man sah die offensichtlich bewusstlosen Menschen an Bord der kleinen Maschine, bis schließlich Benzinmangel dem Drama ein Ende setzte. Live im Fernsehen und starr vor Entsetzen erlebte auch Tracey Stewart die letzte Reise ihres Mannes, des US-Golf-Champions Payne Stewart.

Eine Blutvergiftung galt einst als eine der häufigsten Todesursachen. Und auf jede erdenkliche Art wurden über die Jahrhunderte auch Celebrities Opfer der tödlichen Infektionskrankheit: Jean-Baptiste Lully etwa, der Hofkomponist und Kapellmeister des Sonnenkönigs, traf beim Stampfen mit seinem Taktstock den großen Zeh, und selbst die Ärzte Ludwig XIV. bekamen die tödliche Entzündung mit all ihrer Heilkunst nicht mehr in den Griff.

Ein späterer Komponist, der »Zwölftöner« Anton Webern, erlitt ein anderes Schicksal: Am 15. September 1945 ging er während der nächtlichen Ausgangssperre vor die Türe, um eine Zigarre zu rauchen, und wurde von einem amerikanischen GI erschossen. Schon damals galt: Rauchen kann tödlich sein!

Fest steht, dass der Tod keine Ausnahmen macht, ihn kümmern weder Zeit noch Ort noch Name, wobei er für manch böse Überraschung sorgen kann. Und nicht zuletzt eben aus Anlass ihres Ablebens blicken wir bei berühmten Menschen gerne hinter die Kulissen, scheint ihr Leben doch bunter und aufregender zu sein als unseres, faszinierend und fremd zugleich. Zumindest der Tod jedoch macht alle, die er ereilt, sehr menschlich, wobei die Begleitumstände der letzten Stunden durchaus seltsam und grotesk sein können. Manche Künstler, wie Charles Valentin Alkan, die zu Lebzeiten in Vergessenheit geraten waren, verdanken es ihrem außergewöhnlichen Abgang, dass man sich bis heute an sie erinnert.

Vielleicht wird unsere Phantasie durch die Vorstellung angeregt, was unsere Helden alles noch erlebt und geschaffen hätten, wenn sie nicht plötzlich aus dem Leben gerissen worden wären. Vielleicht empfinden wir es ja aber auch als Erleichterung, dass die Menschen, die wir eigentlich beneidet haben, wegen ihres Unglücks nun unser Mitleid erregen …

1.
Runter kommt man letztlich immer

D. B. Cooper – Alles oder nichts

Seit Jahrzehnten werden die Einzelheiten von D. B. Coopers krimineller Luftnummer und seiner waghalsigen Flucht von allen Seiten immer wieder überprüft: Im Jahr 1971 hatte er von der amerikanischen Northwest Orient-Fluggesellschaft 200 000 Dollar erpresst und war dann aus einer Boeing 727 abgesprungen. Seitdem ist er spurlos verschwunden.

Der Fall D. B. Cooper beginnt 1971 am Abend vor Allerheiligen in Portland, Oregon. Ein scheinbar ganz gewöhnlicher Geschäftsmann erscheint am Schalter der Northwest Orient. Er kauft auf den Namen Mr. Cooper ein Einfach-Ticket für den Flug 305 nach Seattle. Im Flugzeug nimmt er in der letzten Reihe Platz. Er zündet sich eine Zigarette an, und während er einen Bourbon mit Soda bestellt, steckt er der Stewardess einen Zettel zu.

Die Stewardess glaubt zunächst an eines der üblichen Anmach-Spielchen, aber als sie die Nachricht liest, erkennt sie den Ernst der Lage und informiert sofort den Flugkapitän. Die Flugkontrolle sowie die Seattle Police werden informiert, auch das FBI wird eingeschaltet. Man ist bereit, alle Forderungen Coopers zu erfüllen, denn es ist wirklich nicht viel, was der Erpresser verlangt: 200 000 Dollar in 20-Dollar-Scheinen sowie ein Fallschirm und ein Reserve-Schirm sollen nach der Landung zum Flugzeug gebracht werden, andernfalls werde er das Flugzeug in die Luft sprengen. Davon, dass diese Drohung ernst gemeint ist, kann sich die Stewardess selbst überzeugen. Cooper hat für sie seine Aktentasche geöffnet, in der ein Gewirr von Kabeln und Metallteilen zu sehen war.

Dem Krisenstab am Boden bleiben 30 Minuten Zeit, um alle Forderungen zu erfüllen. Nachdem das Geld und die Fallschirme von einem Angestellten der Fluggesellschaft an Bord gebracht worden sind, dürfen alle 36 Passagiere das Flugzeug verlassen. An Bord bleiben die Besatzung des Cockpits und eine Stewardess.

Nachdem aufgetankt worden ist, startet die Maschine auf Befehl des Entführers in Richtung Mexico City. Die genauen Anweisungen hinsichtlich Flughöhe, damit verbundener Geschwindigkeit sowie Stellung der Klappen machen deutlich, dass sich Cooper mit der Flugtechnik gut auskennt. Als das Flugzeug den Lewis River nördlich von Portland überfliegt, wird im Cockpit durch ein rotes Alarmlicht die Entsicherung der hinteren Türe und der ausklappbaren Treppe angezeigt. Auf die Frage des Kapitäns, ob Cooper Hilfe brauche, bekommt er von diesem nur ein kurzes »No!« zur Antwort.

Nachdem die Maschine in Reno gelandet ist, wartet die Besatzung noch einige Minuten im Cockpit. Als man sich sicher fühlt, wird die Tür geöffnet und festgestellt, dass der Entführer samt Hut, Mantel und Handgepäck mit Bombe verschwunden ist. Auch Geld und Fallschirm samt Not-Schirm sind weg.

Tage- und wochenlang wird nach Cooper oder irgendwelchen Anzeichen zu seinem Verbleib gesucht, ohne Erfolg. Bis heute ist dies die einzige ungelöste Flugzeugentführung der US-Geschichte. D. B. Cooper ist inzwischen zur Legende geworden. Im Bundesstaat Washington gibt es sogar einen »D. B. Cooper Day«, an dem der Entführer wie ein Held gefeiert wird.

Amelia Earhart – Ihr längster Flug

Im Jahr 1920 ist der Himmel über Kalifornien noch leer und frei, Luftfahrt-Reglementierungen gibt es nicht, wer fliegen kann, fliegt. Als flugtauglich gelten selbstverständlich nur Personen männlichen Geschlechts, Pilotinnen wird jegliches Talent für die Beherrschung von Flugmaschinen abgesprochen. Ein paar wagemutige Frauen, die es schaffen, in diese Männerdomäne einzubrechen, werden scherzhaft »Petticoat-Piloten« genannt. Besonders in den besseren Kreisen gilt der Flugsport als schick, die Fliegerei ist nicht billig, nur wirklich steinreiche Ladys können sich die Ausbildung leisten.

Amelia Earhart ist keine reiche Lady, aber sie will fliegen. An ihrem fünfundzwanzigsten Geburtstag hat sie nicht nur den Pilotenschein in der Hand, sie ist auch Besitzerin eines gebrauchten quietschgelben Doppeldeckers, den sie »Kanarienvogel« nennt.

Amelia Earhart ist fest entschlossen, ihre Flugkunst in bare Münze umzuwandeln. Seit Lindberghs historischem Alleinflug nach Paris im Mai 1927 ist der Atlantik zwar schon mehrfach überflogen worden, aber noch nie von einer Frau – und Amelia ist genau die Richtige. Sie ist hübsch und burschikos, also das typische »All American Girl«, dazu blitzgescheit, mit ausreichend Flugerfahrung. Obendrein sieht sie dem amerikanischen Helden der Lüfte, Colonel Charles Lindbergh, verblüffend ähnlich.

Amelias Pionierflug und die zu erwartende Sensationsstory werden vom einflussreichen amerikanischen Verleger George P. Putnam organisiert. Amelia darf bei diesem Flug den Steuerknüppel nicht bedienen, sie ist sozusagen die erste weibliche Luftfracht, die über den Atlantik befördert wird. Dennoch gilt sie nach dem gelungenen Abenteuer als »Nationalheiligtum« und wird überall in Amerika gefeiert. Ihre Vorträge sind Straßenfeger, und ihr Buch über den Atlantikflug »20 Stunden, 40 Minuten« wird zum Bestseller. Sie gründet die erste Pilotinnenorganisation, vergibt Stipendien und richtet 1929 das Cleveland Women's Air Derby aus, das als »Puderquastenrennen« bekannt gewordene, weltweit erste Luft-Derby für weibliche Piloten.

Obwohl Amelia Mary Earhart ihre Unabhängigkeit liebt, heiratet sie 1931 ihren Manager George P. Putnam, der ihr jedoch versichern muss, sich weder in ihre Karriere einzumischen noch ihre persönliche Freiheit einzuschränken. So oft es geht, setzt sie sich ins Cockpit und bricht einen Rekord nach dem anderen. Ein Ziel liegt Amelia aber besonders am Herzen, der Alleinflug über den Atlantik. Am 20. Mai 1932, dem fünften Jahrestag des Lindbergh-Fluges, will sie allein am Steuerknüppel nach Paris fliegen.

Start ist in Harbour Grace, Neufundland, doch schon bald gibt es die ersten Probleme, der Höhenmesser fällt aus, sie gerät in einen Sturm, der Auspuff spuckt Feuer, und der Reservetank hat offenbar ein Leck. Als endlich Land in Sicht kommt, jubelt Amelia vor Glück. Nach 15 Stunden hat sie es geschafft. Es ist der erste Alleinflug einer Frau über den Atlantik und darüber hinaus die bisher schnellste Atlantik-

Überquerung. Amelia ist auf dem Höhepunkt ihres Ruhmes, es regnet Konfetti in New York, dazu gibt es jede Menge Ehrungen. Doch die Lady der Lüfte bricht weitere Rekorde, und schließlich gibt es nur noch eine Herausforderung, den Flug um die Welt.

Angesichts der konfliktgeladenen politischen Lage Ende der 1930er Jahre findet auch das US-Militär Gefallen an Amelias Idee, die Welt einmal entlang des Äquators zu umrunden. Eine abenteuerlustige Pilotin würde kaum verdächtigt werden, auf ihrem Flug Informationen über Landemöglichkeiten, Benzinversorgung, lokale Wetterbedingungen und insbesondere über japanische Flottenbewegungen auszuspionieren. Fliegen soll Amelia mit einer Lockheed Electra, dem damals modernsten Zivilflugzeug. Rund um den Globus werden Ersatzteillager und Benzindepots eingerichtet, Genehmigungen eingeholt und Nachrichtenstationen organisiert.

Das Abenteuer beginnt am 20. Mai 1937. Am 29. Juni erreichen Earhart und ihr Navigator Fred Noonan Neuguinea. Jetzt folgt die längste und schwierigste Etappe, der Flug über den Pazifik. Es gilt Howland Island zu finden, einen winzigen Punkt im Pazifischen Ozean. Am 2. Juli startet die Electra in Richtung des kleinen Eilands zum Flug über die Datumsgrenze ins Gestern. Gegen drei Uhr morgens empfängt ein Funkschiff der US-Küstenwache die Funkkennung der Electra. Allerdings kann die Position des Flugzeugs nicht bestimmt werden, die Signale sind zu schwach.

Plötzlich, kurz vor acht, ist auf Howland Amelias Stimme laut und deutlich zu hören, sie klingt aufgeregt: »... wir müssen über euch sein, aber können euch nicht sehen ... nur noch wenig Sprit ... Flughöhe 350 Meter ...« Es folgen weitere Funksprüche, die immer panischer werden. Bei der letzten Nachricht überschlägt sich Amelias Stimme: »… wir sind auf Positionslinie 157–337 … wir wiederholen diese Information auf 6210 Kilohertz … wartet … wir fliegen Suchschleifen nach Nord und Süd …« Danach verschwindet die Electra spurlos.

Zwei Stunden nach dem letzten Kontakt wird eine beispiellose Rettungsaktion gestartet. Auf Befehl von Präsident Roosevelt kreuzen Dutzende von Kriegsschiffen vor Ort, um das verschollene Flugzeug im Pazifik zu finden. Gleichzeitig überfliegen 60 Flugzeuge ein Gebiet fast so groß wie Belgien, alles ohne Erfolg.

Am 5. Januar 1939 wird Amelia Earhart für tot erklärt und ihre Akte für immer geschlossen.

Enrico Mattei – Signore Agip

Wer in den 50er oder 60er Jahren vom Italienurlaub schwärmte, dachte nicht nur an Sonne, Sand und Meer, Pizza und Pasta, sondern vielleicht auch an den schwarzen Hund mit den sechs Beinen und dem Spruch: »Agip Supercortemaggiore – la potente benzina italiana.« In Wirklichkeit gab es aber überhaupt kein »benzina italiana«, denn auf dem einzigen Bohrfeld Italiens in Cortemaggiore in der Po-Ebene wurde kein Tropfen Öl gefunden. Doch der smarte Manager Enrico Mattei glaubte fest daran, das marode Unternehmen Agip durch Erschließung italienischer Erdölvorkommen, die angeblich in den Tiefen der Po-Ebene schlummerten, zu retten. Als endgültig klar war, dass es dort kein Öl gibt, wurde

Mattei als »petroliere senza petrolio«, als »Ölbaron ohne Öl«, verspottet.

Doch an Stelle von Öl finden die Italiener Erdgas. Über Nacht werden Millionen Haushalte und Fabriken mit konkurrenzlos billigem Gas versorgt, wobei »Nacht« durchaus wörtlich zu verstehen ist. Die Leitungen werden möglichst im Schutz der Dunkelheit verlegt, um Sabotage durch Störtrupps amerikanischer Konkurrenten zu vermeiden.

Letztlich wird Agip eine Erfolgsgeschichte. Jeder kennt das Firmenlogo, das sechsbeinige, feuerspeiende Wesen, halb Hund, halb Drache. Stromlinienförmig faucht es aus dem aufgerissenen Maul nach hinten. Der zunächst vierbeinigen Version waren noch zwei weitere flinke Pfoten hinzugefügt worden. Die sechs Beine symbolisieren nach Meinung des Firmenchefs Enrico Mattei übrigens die vier Räder des Autos plus die zwei Beine des Fahrers. Es handelt sich also um ein modernes Fabelwesen, bei dem das Auto den Hund als besten Freund des Menschen ersetzt.

Agip wird 1953 in den neugegründeten staatlichen Energiekonzern ENI eingegliedert. Agip-Präsident Enrico Mattei ist nun staatlicher Unternehmer und eine der einflussreichsten Persönlichkeiten der Nachkriegszeit.

Geboren wurde er 1906 in einem kleinen Dorf in Mittelitalien als Sohn eines Carabiniere. Ohne höhere Schulbildung beginnt er eine steile Karriere als Selfmademan. Während des Krieges ist er im antifaschistischen Widerstand engagiert, danach beginnt sein kometenhafter Aufstieg in der italienischen Energieindustrie. Er mischt sich aktiv in die Politik ein, auch gegen die herrschenden Mächtigen.

In den 50er Jahren gerät Mattei in Konflikt mit dem Kartell der »Sieben Schwestern«. Die »Sieben Schwestern«, das sind die mächtigen US-amerikanischen Konzerne Gulf Oil, Mobil Oil, Standard Oil of New Jersey, Standard Oil of California, die Texas Company sowie der englische Konzern BP und die britisch-holländische Royal Dutch Shell. Diese sieben beherrschen über die Hälfte des damaligen Weltmarktes, in dem sie schalten und walten, als gehöre die Welt ihnen alleine. In diesen Kreisen gibt es keinen Platz für einen Idealisten wie Enrico Mattei. Von den Konzernbossen wird er zunächst überhaupt nicht wahrgenommen. Überrascht müssen sie aber plötzlich zur Kenntnis nehmen, dass ein kleiner charismatischer Italiener ungeniert die geltenden Tabus bricht und sich Zugang zu den Erdölvorkommen im Nahen Osten und in Afrika verschafft.

Um für seine Erdölgesellschaft einen Partner zu finden, schlägt die ENI der bayerischen Regierung ein gigantisches Projekt vor: eine Pipeline von Genua bis nach Ingolstadt. Bayern ist weit weg von den internationalen Importhäfen für Rohöl, deshalb musste damals jeder Liter Benzin aufwändig mit Tanklastwagen in den Freistaat gebracht werden.

Der Bau der Pipeline geht zügig voran, trotz vieler technischer Schwierigkeiten bei der Alpenüberquerung. Mit ihrer Fertigstellung beginnt in Bayern die Entwicklung hin zu einem modernen Industriestaat.

Die Eröffnung der Ingolstädter Raffinerie im Jahr 1965 erlebt Enrico Mattei indes nicht mehr. Sein Leben endet 1962 bei einem Flugzeugabsturz, dessen geheimnisumwitterte Ursache lange äußerst rätselhaft bleibt.

Am 27. Oktober 1962 um 18:50 Uhr befindet sich das zweimotorige Flugzeug im Anflug auf den Mailänder Flughafen Linate. An Bord der kleinen Maschine sind Enrico Mattei, ein amerikanischer Journalist und der Pilot. Plötzlich eine

Explosion in der Luft, Teile fallen zu Boden, wenige Sekunden später schlägt die Maschine am Boden auf – so schildert der Bauer Ronchi noch in derselben Nacht seine Beobachtungen, die ein Reporter auf Tonband aufnimmt. Am nächsten Tag ist der Tonbandmitschnitt verschwunden, und der Augenzeuge will keine Explosion am Himmel mehr beobachtet haben, das Flugzeug sei am Boden zerschellt. Eine Aussage, die sich offensichtlich gelohnt hat, denn das Leben des Mailänder Bauern ändert sich schlagartig. Der Hof bekommt Strom, die Tochter einen Job bei der ENI, und der Bauer selbst macht Schluss mit Ackerbau und Viehzucht und pflegt fortan den Rasen der abgesperrten Absturzstelle.

30 Jahre nach dem Absturz taucht der Tonbandmitschnitt wieder auf, doch die wichtigsten Passagen der Aussage von Bauer Ronchi sind gelöscht. Nur der Reporter erinnert sich noch genau an dessen Schilderung vor Ort und wie er die Explosion am Himmel gesehen habe. Als drei weitere Jahre später die exhumierte Leiche Enrico Matteis untersucht wird, findet man tatsächlich Spuren von Sprengstoff. Es vergehen allerdings noch einmal zehn Jahre, bis mit neuen technischen Prüfungen an den Bruchstücken des Flugzeugs eindeutig Sabotage nachgewiesen werden kann. Es war also Mord. Trotz aller Manipulationen, um weitere Ermittlungen zu verhindern, werden gewisse Zusammenhänge und Verstrickungen aufgedeckt, aber weder der Mörder noch seine Auftraggeber können überführt werden.

Der Tod des schillernden italienischen Ölbarons Enrico Mattei, des für die *New York Times* »mächtigsten Italieners seit Kaiser Augustus«, bleibt nach wie vor mysteriös.

Glenn Miller – Absturz eines Stars

Es gibt mindestens drei Versionen zum Tod des legendären Musikers Glenn Miller. Gemäß der offiziellen Version hat sich der 40-jährige Swing-Posaunist am 15. Dezember 1944, zehn Tage vor Weihnachten, auf eine Reise in das von den Alliierten schon befreite Paris begeben und ist spurlos verschwunden. Er soll auf dem kleinen Fliegerhorst Twinwood, in der Nähe Londons, ein einmotoriges Flugzeug vom Typ Norseman C64 bestiegen haben, doch während der Überquerung des Ärmelkanals sei die Funkverbindung abgerissen. Angeblich habe sich auf den Tragflächen der Maschine Eis gebildet, weshalb das Flugzeug abgestürzt sei. Flugzeugtrümmer wurden keine gefunden.

In einer zweiten, nicht-amtlichen Version, ist Glenn Miller ebenfalls nach Paris aufgebrochen und in einem Flugzeug über dem Kanal abgestürzt. Die Absturzursache ist nach Meinung der Militärhistoriker aber nicht die Vereisung der Tragflächen. Die Maschine des Bandleaders soll versehentlich von einer Bombe getroffen worden sein. Es war üblich, dass die englischen Lancaster-Bomber, die unverrichteter Dinge von einem Angriff aus Deutschland zurückkehrten, ihre restlichen Bomben vor der Landung über dem Kanal abwarfen. Und tatsächlich gibt es Hinweise darauf, dass eine Bomberformation Mitte Dezember 1944 unverrichteter Dinge zurückkehrte, ihre Ladung über dem Kanal abwarf – und Glenn Millers Flugzeug, das unter ihnen flog, traf.

Nach einer dritten Fassung ist Glenn Miller wiederum in Richtung Paris gestartet und dort durchaus wohlbehalten angekommen. Während eines heimlichen Bordellbesuchs habe er jedoch einen Herzinfarkt erlitten und sei in den Armen einer Pariser Prostituierten gestorben. Eine pikante Geschichte. Um die Moral der Truppe nicht zu gefährden, sei offiziell über die Todesursache Stillschweigen vereinbart worden. Um das Verschwinden Millers zu erklären, habe man sich wiederum der Geschichte vom Absturz über dem Kanal bedient.

Licht ins Dunkel des Geheimnisses könnte die im Washingtoner Nationalarchiv lagernde Miller-Akte bringen. Doch die trägt den Stempel »darf nie freigegeben werden«, selbst der amerikanische Präsident darf diese hochgeheime Akte nicht einsehen. Im Lauf der Zeit sind allerdings immer wieder Indizien entdeckt worden, die zumindest einen Hinweis darauf geben könnten, was wirklich passiert ist.

Die geheimen Verhandlungen zwischen den Deutschen und den Alliierten gegen Ende des Krieges, um an der Westfront einen Waffenstillstand zu erreichen, liefern genug Stoff für Spionage-Thriller und Verschwörungstheorien: Angeblich habe man nach dem gescheiterten Attentat auf Hitler am 20. Juli 1944 auf Geheimdienstebene vereinbart, Hitler endgültig zu entmachten und einen Waffenstillstand auszuhandeln. Es sollte dann Glenn Millers Aufgabe sein, die Nachricht vom Schweigen der Waffen über den Deutschlandsender in Berlin zu verkünden. Der Musiker und seine Stimme waren den Deutschen durch die Ausstrahlung des Programmteils »Musik für die Wehrmacht« des amerikanischen Propagandasenders ABSiE vertraut und dementsprechend glaubwürdig.

Um die putschbereiten deutschen Offiziere zu treffen, habe Miller zunächst nach Krefeld fliegen sollen, von wo es mit einem deutschen Flugzeug nach Berlin-Tempelhof weitergehen sollte. Doch der Plan sei den Hitler-treuen Nazis verraten, Miller selbst verschleppt worden. Er habe den Aufenthaltsort

General Eisenhowers verraten sollen. Als er sich auch unter brutalster Folter geweigert habe, habe man den tödlich Verletzten vor einem Edelbordell in Pigalle auf die Straße geworfen. Dort sei er von den Amerikanern gefunden worden.

Damit Hitler und seine Schergen nicht hätten verkünden können, den berühmten Bandleader Glenn Miller gefangen und getötet zu haben, sei auch in diesem Fall umgehend die Legende vom Flugzeugabsturz veröffentlicht worden.

Camille Muffat – Letzte Herausforderung

»Dropped« heißt eine neue französische Reality-Show, in der zwei Teams in einer unbekannten, unwirtlichen Gegend 72 Stunden allein, ohne Essen, ohne Landkarte und ohne Hilfe ausgesetzt werden. Ähnlich wie im sogenannten »Dschungelcamp« müssen sich die prominenten Teammitglieder, unter ständiger Beobachtung durch Fernsehkameras, ihren Weg zurück in die Zivilisation suchen. Ab Sommer 2015 sollte die Reihe zur besten Sendezeit im französischen Fernsehkanal TF1 ausgestrahlt werden.

Die Dreharbeiten hatten Ende Februar 2015 in Ushuaia, im äußersten Süden Patagoniens, einer argentinischen Provinz, begonnen. Nachdem die erste Episode abgedreht war und der erste Kandidat nach Paris zurückkehren musste, zog der Filmtross für ein neues Abenteuer weiter nach La Rioja im Westen Argentiniens.

Insgesamt acht Spitzensportler sollten in der Reality-Show gegeneinander antreten. Eine der prominentesten Teilnehmerinnen ist Camille Muffat, Frankreichs Top-Schwimmerin. Bei den Olympischen Spielen in London 2012 war ihr großer Traum vom Olympiagold über 400 Meter Freistil in Erfüllung gegangen. Außerdem erschwamm sie sich eine Silbermedaille über 200 Meter Freistil und wurde mit der 4-mal-200-Meter-Freistilstaffel Dritte. Es war der Lohn für jahrelange Schinderei im Schwimmbecken, begleitet von der ständigen Angst, dass sich irgendeine unzulässige Substanz im Essen befinden und anschließend der Dopingtest positiv ausfallen könnte.

Eigentlich will Camille Muffat die Europameisterschaften in Berlin noch als letzte große Herausforderung annehmen, doch ein Streit mit dem Trainer Fabrice Pellerin wird so heftig, dass sie mit 24 Jahren die Schwimmbrille endgültig an den Nagel hängt und fünf Wochen vor Beginn der Europameisterschaften ihren Rücktritt vom Schwimmsport öffentlich bekanntgibt.

Ohne die Strapazen des täglichen Trainings und abseits des Schwimmsports will sie ein neues Leben beginnen. Da kommt das Angebot, in der spektakulären Reality-Show »Dropped« mitzuwirken, gerade recht.

Die erste Herausforderung in Patagonien hat Camille bereits überstanden, als es zur Katastrophe kommt: Zwei Hubschrauber vom Typ Eurocopter AS350B3 »Écureuil« sind samt Piloten jeweils von der Provinzregierung von La Rioja sowie Santiago del Estero zur Verfügung gestellt worden. Das Wetter ist perfekt, jeweils vier Personen klettern in einen Hubschrauber. Die Helikopter heben nacheinander ab und fliegen in einem Abstand von wenigen Metern. Nur 400 Meter vom Startplatz entfernt stoßen sie plötzlich zusammen, stürzen ab und explodieren am Boden.

»Dropped«, der Name der TV-Serie, wird für die französische Olympiasiegerin Camille Muffat und sieben weitere Menschen todbringende Wirklichkeit …

Manfred von Richthofen – Der tote Baron

Im Gegensatz zu den anonymen Infanteristen, die in den Schützengräben liegen und zu Tausenden von Granaten zerfetzt werden, gelten die Flieger in ihren Propellermaschinen als Ritter der Lüfte. Eine Aura von Abenteuer und Dandytum umweht diese Individualisten. Selbst wenn einer dieser »Adler« abgeschossen wird und die Maschine wie ein Komet vom Himmel fällt, wird der Pilot als Held verehrt.

Einer von ihnen ist sogar unsterblich geworden: Manfred von Richthofen, der legendäre »Rote Baron«. Er ist der Medienstar des Ersten Weltkriegs. 80 Luftkämpfe, bei denen 75 gegnerische Piloten sterben, kann der Flieger für sich entscheiden.

Manfred Freiherr von Richthofen ist ein typischer Vertreter des preußisch-wilhelminischen Militär-Drills. Er wird 1892 in Breslau als Sohn eines Kavallerie-Offiziers geboren. Standesgemäß absolviert er die Ausbildung an einer Kadettenanstalt, nach Ausbruch des Weltkriegs im Jahr 1914 ist er zunächst Patrouillenführer, dann lässt sich der junge Leutnant zur Fliegertruppe versetzen.

Anfangs ist die Militärfliegerei wenig heroisch. Die Flugzeuge haben keine Bewaffnung, die Piloten sollen die feindlichen Frontlinien beobachten. Erst Anfang 1915, nachdem die ersten Flugzeuge mit starr montierten Maschinengewehren ausgerüstet sind, beginnt der legendäre Luftkampf.

Schnell lernt von Richthofen, dass es mit der »Ritterlichkeit« der Jagdflieger nicht weit her ist. Ernüchtert erkennt er, dass mindestens die Hälfte der abgeschossenen Piloten ihren Angreifer gar nicht gesehen hat. In seiner Autobiographie bekennt er, »ich schieße nie in die Maschine, schieße immer gleich den Führer ab«.

Der britische Jagdflieger Major Lanoe George Hawker ist einer seiner bekanntesten »Abschüsse«. Dafür und für 18 weitere Luftsiege erhält er im Januar 1917 den Orden »Pour le Mérite«, die höchste preußische Tapferkeitsauszeichnung. Auch die Gegner sind vom Mut und fliegerischen Können des Rittmeisters und seiner Staffel beeindruckt. Wegen der farbenfrohen Bemalung ihrer Flugzeuge nennen die Engländer die Truppe »Fliegender Zirkus«, Freiherr von Richthofen in seinem signalrot bemalten Dreidecker heißt bei den Briten später »Red baron« – der »Rote Baron«.

Nachdem der »Rote Baron« alleine vier britische Flugzeuge vom Himmel geholt hat, setzen die Engländer für seinen Abschuss eine Prämie von 5000 Pfund aus und versprechen dem Erfolgreichen das »Victoria Cross«, die höchste englische Kriegsauszeichnung.

Am 21. April 1918 herrscht kein ideales Flugwetter, der Sonntagmorgen ist neblig-trüb. Es weht ein kräftiger Ostwind, der die kleinen Maschinen leicht über die Frontlinie treiben könnte. Einen Einsatzbefehl für Rittmeister von Richthofen und seine Jagdstaffel gibt es an diesem Tag nicht. Der berühmte Held des Kaiserreichs soll geschont werden, außerdem hat er den Urlaubsschein schon in der Tasche, die Bahnfahrt ist bereits reserviert. Dennoch entscheidet sich der »Rote Baron« dafür, aufzusteigen.

Über den Wolken attackiert Richthofen mit seinem berühmten roten Dreidecker die Maschine von Second Lieutenant May. Verbissen versucht dieser zu entkommen. Die Flugzeuge jagen durch das Somme-Tal, doch ein Abschuss gelingt nicht, Richthofens Maschinengewehr versagt. Captain Brown, der die Not von Lieutenant May erkannt hat, feuert mehrere MG-Salven auf den roten Dreidecker.

Im Sinkflug gleitet Richthofens Maschine über eine Hügelkette, hinter der australische MG-Schützen verschanzt liegen. Hunderte Soldaten schießen auf die Maschine, dennoch gelingt die Landung. Die Räder schlagen hart auf, der Stoß drückt das Heck nach unten, der Dreifachdecker schießt wieder vier Meter nach oben, schließlich kommt das Flugzeug mit abgebrochenem Flügel zum Stillstand. Zunächst glaubt man, dass der Pilot überlebt hat. Doch Manfred von Richthofen war von einer Kugel tödlich getroffen worden. Offenbar mit letzter Kraft hatte er noch eine vorschriftsmäßige Notlandung geschafft.

Der Abschuss der roten Maschine ist eine Sensation. Umgehend sind Souvenirjäger zur Stelle; nicht nur persönliche Dinge wie Pelzschuhe oder Brille werden geraubt, das komplette Flugzeug wird geplündert.

Schon bald sind zahlreiche Gerüchte über den Absturz im Umlauf. Der australische Leutnant E. C. Banks erklärt sich zum Todesschützen, auch Sergeant Popkin und weitere fünf Soldaten erheben Anspruch auf die versprochene Prämie. Schließlich macht die alliierte Propaganda den kanadischen Jagdflieger Arthur Brown zu dem Helden, der den berüchtigten »Roten Baron« in einem Duell Mann gegen Mann bezwungen haben soll.

Jahrzehntelang werden die Geschehnisse des Luftkampfes vom 21. April 1918 dramatisch ausgeschmückt. Die Tatsachen, die das Ende des ritterlichen Helden umgeben, werden so mit Fiktionen verwoben, dass die Kriegsmeldungen und die Augenzeugenberichte in einem Meer von Erfindungen untergehen. Erst 1998 wird festgestellt, dass Manfred von Richthofen das Duell in den Lüften abbrechen musste, weil sein MG versagte. Er wollte wohl hinter den feindlichen Linien landen. Bei dieser Notlandung wurde der »Rote Baron«, gar nicht heldenhaft, von der Kugel eines nicht mit Sicherheit zu ermittelnden australischen Infanteristen von unten ins Herz getroffen …

Antoine de Saint-Exupéry – Flug ohne Wiederkehr

Am Donnerstag, den 31. Juli 1944 herrschen ideale Flugbedingungen: Kaum Wind, klare Sicht, ideale Bedingungen für Antoine de Saint-Exupéry. In eine dicke Fliegermontur eingepackt, klettert der Kampfpilot in das enge Cockpit seiner Maschine. Er hat große Mühe, sich in die Kabine zu zwängen, die Jahre als Berufspilot haben Spuren hinterlassen, Notlandungen und mehrere Abstürze mit schweren Verletzungen und Knochenbrüchen schränken seine Bewegungsfreiheit stark ein. Vor allem aber ist er mit seinen 44 Jahren zu alt, um den schnellen und modernen Jagdbomber, die Lockheed P38, zu steuern. Doch Major Saint-Exupéry lässt sich nicht zurückhalten.

Die Leidenschaft fürs Fliegen hat Antoine de Saint-Exupéry während seiner Schulzeit gepackt, nachdem er bei einem Rundflug in einer Sportmaschine mitfliegen durfte. Seither hat er nur einen Wunsch, er will Pilot werden. 1926 ist er am Ziel seiner Träume, mit dem Pilotenschein in der Tasche macht er das Fliegen zum Beruf. Keine Herausforderung ist ihm zu groß: Als einer der Ersten fliegt er nachts, für die Post auf der Route Toulouse-Casablanca-Dakar, zwischen Marseille und Algier greift er auf ein Wasserflugzeug zurück, in Marokko übernimmt er die Leitung eines Flughafens, in Argentinien betreut er eine neue Postfluglinie. Für die Rettung zahlreicher Piloten, die notlanden mussten, bekommt er 1930 den höchsten an Zivilisten vergebenen Orden Frankreichs, den »Chevalier de la Légion d'Honneur«.

Der leidenschaftliche Flieger hat jedoch noch eine zweite Passion: Nach seinen täglichen Flugstunden schreibt er seine Erlebnisse und Erfahrungen auf. Es entstehen Weltbestseller wie »Nachtflug«, »Wind, Sand und Sterne«, »Flug nach Arras« und vor allem »Der kleine Prinz«. Das Schreiben macht Antoine finanziell unabhängig.

Um Geld zu verdienen, muss er fortan nicht mehr fliegen, doch beim Kampf gegen das von Hitler-Deutschland bedrohte Frankreich will er dabei sein. Zwar sind seine Flugkünste nach langen Verletzungspausen nicht mehr die allerbesten und eigentlich ist er auch zu alt, dennoch darf er nach anfänglichem Widerstand der Verantwortlichen mit einer Lockheed Lightning zu Aufklärungsflügen aufsteigen. Auch als nach einem selbstverschuldeten Crash bei der Landung das endgültige Aus droht, schafft er es noch einmal, zu fünf Aufklärungseinsätzen im Mittelmeerraum zugelassen zu werden.

Durch den Eintritt der Amerikaner hat sich die Kriegslage zwischenzeitlich entscheidend verändert, Frankreich holt zum endgültigen Befreiungsschlag aus. Auch Antoine ist vom allgemeinen Siegeswillen beflügelt. Statt der bewilligten fünf

Einsätze ist er vom korsischen Flughafen Bastia-Borgo bereits achtmal aufgestiegen, auch am 31. Juli 1944 kann ihn keiner stoppen. Um 8:30 Uhr startet der Kampfpilot mit Kurs auf das Gebiet um Annecy-Grenoble; fünf Stunden lang kann er die deutschen Angreifer jagen, so lange reicht sein Kraftstoff. Doch um 13:30 Uhr wartet man am Boden vergeblich auf seine Rückkehr, und nachdem eine weitere Stunde vergangen ist, steht fest, dass sein Flugzeug nicht mehr in der Luft sein kann. Ein Notruf wurde nicht empfangen, auch das Wrack des Flugzeugs wird nirgendwo gesichtet. Ins Tagesprotokoll der Fernaufklärungsstaffel II/33 kommt der Eintrag »non rentrée«, »nicht zurückgekehrt«.

Im Schlusskapitel von »Der kleine Prinz« verabschiedet sich der Held vom anderen Stern mit den Worten: »Es wird aussehen, als wäre ich tot, und das wird nicht wahr sein«. Nur ein Jahr nach seinem »Kleinen Prinzen« verschwindet Antoine de Saint-Exupéry ebenfalls. Inzwischen steht fest, dass er in der Nähe der Insel Riou vor Marseille abgestürzt ist, und es haben sich auch einige Bekenner gemeldet, die beschwören, den berühmten Autor vom Himmel geholt zu haben. Im Jahr 2008, 64 Jahre nach dem geheimnisvollen Verschwinden von Antoine de Saint-Exupéry, gestand der Ex-Kampfpilot und spätere ZDF-Sportreporter Horst Rippert, das Flugzeug des französischen Dichters abgeschossen zu haben. Dennoch bleibt ein Rest von Zweifel, ob der Grund für das mysteriöse Verschwinden nicht doch technisches Versagen oder gar Selbstmord war.

Payne Stewart – Geisterflug

»Lear 35, steigen Sie auf 39 000 Fuß«, lautet die Anweisung der Flugsicherung an den Piloten des kleinen Privatjets, der von Orlando im Bundesstaat Florida gestartet ist, um nach Dallas, Texas, zu fliegen. Umgehend bestätigt Pilot Michael King, ein ehemaliger Flieger der US-Luftwaffe, ordnungsgemäß die Anweisung des Towers. Der Learjet setzt seinen Steigflug planmäßig fort, die Wettervorhersage ist gut, so dass während des Flugs keine Turbulenzen zu erwarten sind. Wie vorgeschrieben ist das Fünf-Millionen-Dollar-Charterflugzeug vor dem Flug zudem auch noch einem ausführlichen Sicherheitscheck unterzogen worden.

Zwei Sportagenten haben den Business-Jet gechartert, um gemeinsam mit ihrem Klienten, dem Profigolfer Payne Stewart, nach Dallas zu fliegen. Der 42-Jährige ist zweimaliger US-Open-Gewinner und einer der weltbesten Golfer. Der Sportler ist nicht nur wegen seines exzellenten Spiels bekannt, auffallend ist auch seine extravagante Kleidung, die traditionellen Knickerbocker, die unter seinem Namen vermarktet werden.

Payne Stewart fliegt gerne und denkt sogar daran, selbst den Flugschein zu machen. Wie sein später weltberühmter Kollege Tiger Woods ist auch er der Meinung, dass ein Profigolfer nicht ohne ein Privatflugzeug auskommt, wenn er die Chance auf ein einigermaßen normales Familienleben haben will, und Payne ist es sehr wichtig, seine 13-jährige Tochter Chelsea und den 10-jährigen Aaron so oft wie möglich zu sehen. Ungern hat er die Familie in Orlando zurückgelassen, um die exzellenten Trainingsmöglichkeiten in Texas zu nutzen und dort für das mit fünf Millionen Dollar dotierte Abschlussturnier der Professional Golfers' Association (PGA) zu trainieren.

20 Minuten nach dem Start übernimmt die Flugsicherung von Gainesville, Texas, routinemäßig den Funkkontakt – doch obwohl die Maschine vom Radar erfasst wird, antwortet der Learjet mit der Kennung N 47 BA nicht. Verzweifelt versucht der Tower immer wieder, Verbindung aufzunehmen, doch es herrscht Funkstille. Anscheinend führerlos zieht das Flugzeug seine Bahn über dem Mittleren Westen der USA.

Vermutet wird, dass es im Learjet durch eine schadhafte Türdichtung, einen Riss in der Außenhaut oder ein fehlerhaftes Ventil zu einem schlagartigen Druckabfall gekommen ist. In diesem Fall entweicht die Kabinenluft, und eiskalte Außenluft dringt ein, die in großen Höhen zu wenig Druck und zu wenig lebensnotwendigen Sauerstoff aufweist. Wenn dies der Fall ist, verlieren Crew und Passagiere innerhalb von Sekunden die Orientierung, Sehstörungen treten auf, der Atem beginnt zu rasen, es kommt zu Schweißausbrüchen und Halluzinationen, schließlich fallen alle in Ohnmacht.

Angezeigt wird die Gefahr durch einen akustischen Alarm und Warnblinken im Cockpit. Experten schätzen, dass für die Piloten dann noch eine Reaktionszeit von 10 bis 15 Sekunden bleibt. Ob der erfahrene Pilot Michael King sowie die Passagiere des Learjet 35 Sauerstoffmasken angelegt haben, bleibt ungeklärt. Unverständlich ist auch, warum keine Notlandung oder zumindest ein Abstieg auf 10 000 Fuß versucht wurde. In dieser Höhe herrschen Luftbedingungen, die ein Überleben möglich machen.

Nachdem die Flugsicherung vergeblich versucht hat, Verbindung mit Flug Nr. N 47 BA aufzunehmen, wird der Luftraum in der Nähe des kleinen Jets gesperrt, gleichzeitig wird die Air Force informiert. Zwei Militärjets erhalten den Befehl, das offenbar führerlose Flugzeug zu begleiten. Inzwischen ist der Learjet meilenweit vom Kurs abgekommen. Einem Kampfjet gelingt es schließlich, sich bis auf 15 Meter zu nähern, es kann aber kein Schaden an der Außenhaut des Flugzeugs entdeckt werden, auffallend ist nur, dass Frontscheibe und Passagierfenster so stark beschlagen sind, dass es unmöglich ist, jemanden im Inneren zu erkennen.

Mittlerweile wird der Geisterflug auch im National Military Command Center des Pentagon auf dem Radarschirm verfolgt. Dort prüft man, ob nach geltendem Recht das führungslose Flugzeug abgeschossen werden darf. Man ist sich einig, dass nur der amerikanische Präsident den Abschuss eines amerikanischen Flugzeugs befehlen kann.

Hektisch wird im Pentagon der voraussichtliche Kurs des Learjets unter Verwendung aller Daten über Flugzeugart, Treibstoffmenge, Höhe, Geschwindigkeit und Richtung berechnet. Sollte die Maschine auf Chicago zufliegen, muss Präsident Clinton den Abschuss befehlen, doch dazu kommt es nicht, die Berechnungen zeigen, dass der Jet in der Nähe der Hauptstadt von South Dakota herunterkommen wird – in einem Gebiet, das nur dünn besiedelt ist.

Inzwischen ist Payne Stewarts Frau Tracy, eine ehemalige Flugbegleiterin, durch Fernsehberichte auf das führerlose Flugzeug aufmerksam geworden. Verzweifelt versucht sie ihren Mann per Mobiltelefon zu erreichen – erfolglos. Fassungslos verfolgt Tracy Stewart im Fernsehen das Drama, das sich über mehrere Stunden hinzieht.

Der offenbar durch den Autopiloten fehlgeleitete Learjet wird immer noch von zwei bewaffneten Abfangjägern begleitet. Die Scheiben des Learjets sind inzwischen vereist, allmählich leert sich der Tank, der Motor beginnt erst zu stottern, dann fallen die Triebwerke ganz aus, und die Maschine trudelt in Spiralbewegungen abwärts.

Nach 1400 Meilen und einem vierstündigen Irrflug fällt der Learjet vom Himmel und bohrt sich auf einer sumpfigen Weide ins Gras. Im riesigen Krater liegt die in 1000 Teile zersplitterte Maschine. Die Ermittler von FBI, den staatlichen Behörden sowie Spezialisten von Bombardier, dem Hersteller des Learjets, müssen Schutzanzüge, OP-Masken und Gummihandschuhe tragen, um aus dem feuchten Boden Flugzeugteile und menschliche Überreste zu bergen. Doch letztlich ist alles vergebens, denn was wirklich geschehen ist, kann nie geklärt werden.

Wie eine Vorausahnung mutet es da an, dass der strenggläubige Golf-Champion kurz vor dem Flug noch ein Kapitel der Bibel aufgeschlagen hat. Seine Frau Tracy erinnert sich: Johannes, Kapitel 3, Vers 8: »Der Wind bläst, wo er will, und du hörst sein Sausen wohl; aber du weißt nicht, woher er kommt und wohin er fährt. So ist es bei jedem, der aus dem Geist geboren ist.«

2.
Blut ist ein besonderer Saft

Jean-Baptiste Lully – Tod durch den Taktstock

Der Name Jean-Baptiste Lully ist eng verbunden mit der Musik am Hof des französischen Sonnenkönigs. Lully war nicht nur der Hofkomponist, er war mit Ludwig aufgewachsen. Mit 13 Jahren war er an den französischen Hof gekommen. Eigentlich hieß er Giovanni Battista Lulli, geboren wurde er am 28. November 1632 in Florenz.

Lully besaß nicht nur musikalisches Talent, er war auch ein sehr guter Balletttänzer. Ludwig bewunderte ihn dafür; gemeinsam übten sie Tanzschritte und Positionen ein, mit denen sie gemeinsam auftraten. Lully als Schäfer, als Grazie, als Soldat oder Bettler, für den König dagegen gab es nur eine Rolle, die der »aufgehenden Sonne«.

Die Freundschaft und Unterstützung durch den absolutistischen König beflügelt Lullys Karriere. Als Hofkomponist wird er zum Alleinherrscher, quasi zum »Sonnenkönig« der Pariser Oper. Eifersüchtig wacht er über etwaige Konkurrenten, ohne seine Erlaubnis darf keine Oper aufgeführt werden. Er hat das Glück, nicht unter Zeitdruck oder Geldmangel arbeiten zu müssen. Jede seiner Opern ist von erlesener Qualität, sowohl musikalisch als auch literarisch. Die Libretti stammen von Philippe Quinault, der damals mit Racine, Molière, Benserade, La Fontaine und Corneille in einem Atemzug genannt wird. Im Jahr 1684 wird Lullys erfolgreichstes Werk, »Amadis«, aufgeführt, das der König selbst zu seiner Lieblingsoper erwählt.

Als absolutistischer Herrscher über das Reich der Musik ganz allein entscheiden zu dürfen, welche Klänge das Ohr des Monarchen erreichen, ruft allerdings auch Neider auf den Plan. Nichts liebt der Versailler Hof mehr als die Intrige, und niemand beherrscht die Kunst der Intrige besser als die Frauen. Mitten im Höhenflug seines Erfolgs kommt es folgerichtig zum Absturz. Madame de Maintenon, seit 1683 einflussreiche Mätresse Ludwigs XIV., ist eifersüchtig auf Lully. Zunächst kritisiert sie seine Kompositionen, woraufhin sich der König nun weniger mit Lullys Musik beschäftigt. Als bekannt wird, dass Lully einen Pagen liebt, sorgt die Marquise dafür, dass er die Gunst des Königs gänzlich verliert. Tanzvorführungen des Königs mit dem schwulen Hofkomponisten kommen für die sittenstrenge Madame de Maintenon nicht in Frage. Alle Bitten und Entschuldigungen helfen Lully nicht, die Huld des Königs wiederzuerlangen.

Doch als der König sich von einer schweren Krankheit erholt, sieht Lully eine neue Chance für sich gekommen: Der Sonnenkönig litt immer wieder unter unerträglichen Zahnschmerzen. Es waren seine ungezügelte Lust auf Süßigkeiten und der Genuss von Aprikosensirup, die seine Zähne vollkommen ruinierten. Der König war dann gerade 47 Jahre alt, als wieder einmal eine Extraktion unumgänglich wurde. Die Ärzte zogen den faulen Zahn, stellten sich dabei jedoch so ungeschickt an, dass sie Ludwig auch ein Stück des Oberkiefers herausrissen. Die stark blutende Wunde wurde zur Desinfektion mit einem glühenden Eisen ausgebrannt. Die brutale Zahnbehandlung hatte den König so sehr geschwächt, dass man bereits mit seinem Ableben rechnete, doch er erholte sich wieder.

Diese Genesung seines Herrschers will Lully mit einem 1678 komponierten wuchtigen und feierlichen Te Deum feiern. In barocker Pracht, mit langer gepuderter Perücke, in seidenen Gewändern und mit seinem luxuriösen, großen und schweren Taktstock steht der Komponist vor seinen 300 Hofmusikern. Dirigenten benutzten damals keine filigranen Stöckchen, denn sie klopften den Takt mit einem Stock auf den Fußboden. Aufgewühlt von überbordendem Mitgefühl für den Monarchen achtet Lully nicht darauf, wohin er mit dem zwei Meter hohen, prachtvoll vergoldeten Taktstock haut. Mit voller Wucht trifft der schwere Taktstock so den großen Zeh des Hofkomponisten.

Es dauert nicht lange, bis sich ein eitriges Geschwür bildet, das sich immer mehr entzündet. Schließlich stirbt das Gewebe ab, es kommt zur Blutvergiftung. Im Jahr 1687 stirbt Jean-Baptiste Lully, der Lieblingskomponist des Sonnenkönigs.

Rainer Maria Rilke – Keine Rose ohne Dornen

Jeder Rilke-Liebhaber träumt vom Schloss Muzot im schweizerischen Kanton Wallis. Rilke hatte Muzot Ende Juni 1921 zum ersten Mal gesehen und sich sofort in das kahle Gemäuer aus dem 13. Jahrhundert verliebt. Der Dichter liebt die Einsamkeit, er braucht sie, um arbeiten zu können. Begeistert bestürmt er seinen Gönner Werner Reinhard, dieses Haus, das Château de Muzot, zu mieten und ihm als Wohnsitz zur Verfügung zu stellen. Modernen Komfort wie fließendes Wasser, eine Heizung oder Strom gibt es zwar nicht, dafür aber einen bezaubernden Rosengarten mit seltenen alten Rosensorten, um die sich Rilke persönlich kümmern will. Tatsächlich ist sein Mäzen sofort bereit, dem Dichter zu helfen. Bereits Ende Juli bezieht Rilke sein neues Domizil im Wallis.

Ein Jahr später kauft Rilkes Gönner den alten Turm und lässt dringend notwendige Renovierungsarbeiten ausführen. Rainer Maria Rilke erhält auf unbeschränkte Zeit Wohnrecht, was für ihn nicht nur in materieller Hinsicht eine große Erleichterung bedeutet, denn Muzot hat in dem Dichter längst auch die Schöpferkraft wieder geweckt.

Zehn Jahre zuvor, auf Schloss Duino an der Adria-Küste bei Triest, hatte Rilke die ersten beiden »Duineser Elegien« geschrieben. Und tatsächlich kann er nun im Lauf des folgenden Winters sowohl die »Duineser Elegien« als auch die »Sonette an Orpheus« vollenden. Zehn lange Elegien und fünfzig Sonette mit insgesamt mehr als 1200 Versen sind in drei Wochen entstanden.

Am 30. Oktober 1926 sticht sich Rilke beim Rosenschneiden an einem Dorn. Diese an sich harmlose Verletzung hat eine schwer eiternde Infektion zur Folge. Tatsächlich ist der Dichter da jedoch bereits ein schwerkranker Mann: Wegen eines sich ständig verschlimmernden Unwohlseins hatte er sich längere Zeit in einer Klinik am Genfer See aufgehalten. Woran er leidet, vermochten die Ärzte zunächst nicht herauszufinden. Doch schließlich kristallisiert sich heraus, dass es sich um eine seltene, besonders schmerzhafte Form der Leukämie handelt. Der Stich der Rose hat nun die lange bestehende Krankheit lediglich dramatisch verschlechtert. Von hohem Fieber begleitet, bilden sich auf der ganzen Haut Rilkes blutende Geschwüre, die sich auch auf die Mund- und

Nasenschleimhäute ausbreiten. Rainer Maria Rilke glaubt felsenfest an eine Fügung des Schicksals angesichts des Umstands, ausgerechnet durch den Stich an einem Rosendorn tödlich erkrankt zu sein.

Frühmorgens am Mittwoch, dem 29. Dezember 1926, stirbt er im Sanatorium von Valmont bei Montreux. Am darauffolgenden Sonntag wird er auf dem Friedhof von Raron beigesetzt.

Friedhof und Kirche befinden sich auf einer kleinen felsigen Plattform, die zum Fluss hin steil abfällt und den Blick frei über das weite Rhônetal schweifen lässt. Es ist der Ort, an dem Rilke einst die Schönheit des Wallis entdeckt hat. Den Wunsch, auf dem Friedhof der kleinen Kirche im Walliser Raron begraben zu werden, hat der Dichter 1925 testamentarisch festgelegt. Es war sein Wunsch, dass unter seinem Namen ein Vers eingemeißelt wird, den er für sich selbst, in beklemmender Vorahnung, als Grabspruch gedichtet hatte: »Rose, oh reiner Widerspruch, Lust, Niemandes Schlaf zu sein unter so viel Lidern.«

Egon Schiele – Spanische Grippe

»Eine merkwürdige Krankheit mit epidemischem Charakter ist in Madrid aufgetreten«, sie nehme aber einen milden Verlauf, meldet die spanische Presseagentur im Mai 1918! Doch die angeblich harmlose Krankheit entpuppt sich als Killer. Die Seuche fordert vermutlich deutlich mehr Menschenleben als der Erste Weltkrieg. Aber im Sommer und Herbst 1918 ängstigt sich die Welt insbesondere angesichts des Dramas, das sich in den Schützengräben der Westfront abspielt. Deutsche, Franzosen, Briten und Amerikaner schlachten sich gegenseitig ab; dass im Rücken der Front gleichzeitig ein stilles Sterben stattfindet, scheint eine Nebensache und bleibt nahezu unerwähnt.

Der Krieg tobt bereits seit vier Jahren, doch im Herbst 1918 gibt es erste Anzeichen, dass die Kämpfe endlich zu Ende gehen werden. Aber noch sterben Soldaten an der Front, und die Kriegsparteien brauchen Nachschub. Im September 1918 wird in Wien deshalb auch Egon Schiele auf seine Fronttauglichkeit geprüft. Schon 1914, kurz nach Kriegsbeginn, ist er eingezogen worden, durfte dann jedoch im heimatlichen Wien im Heeresmuseum eine Ausstellung mit Kriegsbildern organisieren. Er konnte also zu Hause wohnen und nebenbei seiner Malerei nachgehen.

Neben Gustav Klimt und Oskar Kokoschka ist Schiele einer der berühmten Maler der Wiener Kunstszene. Aufsehen erregen vor allem seine provozierenden Mädchen-Akte, die in der damaligen Gesellschaft für große Irritationen sorgen. 1912 wird Schiele wegen angeblicher Verführung einer Minderjährigen vorgeladen. Diese Anschuldigungen werden aber bald fallengelassen und Schiele nur wegen »Verbreitung unsittlicher Zeichnungen« zu drei Tagen strengem Arrest verurteilt.

Auch an der Heimatfront macht sich der Krieg 1918 deutlich bemerkbar. Die Wohnung des 28-jährigen Egon Schiele in der Wiener Wattmanngasse Nr. 6 ist eiskalt. Seine Frau ist schwanger und schwach, Egon hat Angst, denn zur selben Zeit hat die »merkwürdige Krankheit«, es ist die Spanische Grippe, Wien erreicht. Tunlichst vermeidet es Schiele während des schlechten Wetters, in öffentliche Lokale zu gehen oder die stets überfüllte Straßenbahn zu benutzen. Er bekennt unverhohlen, dass er sich vor der in Wien wütenden unheimlichen Influenza fürchte, die so viele Menschen das Leben koste.

Man weiß wenig über die Grippe, die Ärzte sind ratlos. Die Kranken leiden unter heftigen Ohren- und Augenschmerzen, oft ist die Sehfähigkeit eingeschränkt. Sie fallen ins Delirium, Gliederschmerzen scheinen sie zu zerreißen, Hustenkrämpfe durchschütteln sie. Es werden heiße Bäder oder kalte Umschläge empfohlen, Aderlässe, Syphilis-Medikamente oder Gurgeln mit Wasserstoffperoxid verschrieben.

Egon Schieles Versuch, seine Frau vor der Seuche zu schützen, ist vergebens. Die im sechsten Monat Schwangere erkrankt und bekommt dazu eine Lungenentzündung. Ein letztes Mal zeichnet Schiele seine Frau, am 28. Oktober 1918 stirbt sie. Die Totenfeier findet am 30. Oktober statt. Als Schiele vom Friedhof heimkehrt, fröstelt er, muss sich hinlegen.

Drei Tage nach dem Tod seiner Frau, am 31. Oktober 1918, sagt Egon Schiele auf seinem Sterbebett: »Der Krieg ist aus – und ich muss geh'n.« Um ein Uhr morgens ist er tot. Das Bild seiner sterbenden Frau ist Egon Schieles letzte Zeichnung.

3.
Verirrte Geschosse

Alfonsito de Borbón – Mysteriöser Todesschuss

Der aktuelle Prozess gegen die Infantin Cristina wegen Steuerhinterziehung ist sicher unangenehm, doch die spanische Königsfamilie hat Erfahrung mit Schicksalsschlägen. Zwei Söhne des 1931 zur Abdankung gezwungenen spanischen Königs Alfonso XIII. waren bluterkrank und starben früh. Sein zweitältester Sohn Jaime blieb nach einer missglückten Operation im Alter von vier Jahren taubstumm, eine der Töchter, Margarita, kam blind zur Welt. Über eine andere Tragödie im spanischen Königshaus ist, trotz Berichterstattung in den Boulevardblättern, indes wenig bekannt.

Der fatale Zwischenfall fand am Gründonnerstag-Abend des Jahres 1956 statt. Die spanische Königsfamilie lebte in Estoril, auf dem Landsitz der Bourbonen im portugiesischen Exil. Der Vater von Juan Carlos, Don Juan, erledigte im zweiten Stock die Post. Im Zimmer gegenüber parlierte seine Mutter, María de la Mercedes, mit einer Freundin. Ein Stockwerk höher brütete der 18-jährige Juan Carlos über seinen Hausaufgaben. Plötzlich wurde die Türe aufgerissen, und sein vier Jahre jüngerer Bruder stürzte ins Zimmer, sprang in Deckung und täuschte eine Maschinengewehr-Attacke vor. Juan Carlos kannte das Kriegsspiel seines Bruders, also zog er die Schublade seines Schreibtischs auf und holte einen Revolver des Kalibers 22 heraus. In spielerischer Gegenwehr zielte er mit der Waffe auf seinen Bruder und drückte ab – so könnte es nach Meinung von Insidern gewesen sein.

Als Juan Carlos seinen tödlich getroffenen Bruder im Blut liegen sieht, rennt er wie von Sinnen die Treppe hinunter, um seinen Vater zu holen. Völlig schockiert lässt dieser seinen Sohn schwören, dass der Schuss keine Absicht gewesen sei. Alle Maßnahmen, das Leben des 14-jährigen »Alfonsito« zu retten, scheitern, um 20:30 Uhr wird sein Tod festgestellt.

Eine Untersuchung, wie bei jedem »gewöhnlichen« tödlichen Unfall mit einer Waffe, fand nicht statt. Woher die Waffe kam, warum sich der Schuss löste, der den Jüngeren das Leben kostete, ist ungeklärt. Allerdings wurde nie bestritten, dass Juan Carlos den Finger am Abzug hatte, als das Unglück geschah. »Während Seine Hoheit, Prinz Alfonso, gemeinsam mit seinem Bruder einen Revolver reinigte, löste sich ein Schuss, der ihn mitten in die Stirn traf und in wenigen Minuten tötete«, so lautete das knappe Kommuniqué.

Carel Fabritius – Delfter Donnerschlag

Am Morgen des 12. Oktober 1654 weht ein frischer Westwind durch die Straßen von Delft. Der Rembrandt-Schüler Carel Fabritius sortiert seine Pinsel, er ist gerade damit beschäftigt, den Küster der Oude Kerk von Delft zu porträtieren. Nicht weit entfernt und ungefähr zur selben Zeit inspiziert der Arsenalverwalter Cornelis Soetens mit einer Laterne das Pulverlager, um Proben des dort gelagerten Schwarzpulvers zu nehmen. Nur ein paar Eingeweihte kennen das riesige Lager, das 1637 heimlich angelegt worden ist. 40 Tonnen Schwarzpulver, das sogenannte »Secreet van Hollandt« – das »Geheimnis der Niederlande« – sind unter dem ehemaligen Clarissen-Kloster mitten in Delft versteckt.

Als der Verwalter an diesem 12. Oktober mit einer Laterne die Pulvermühle inspiziert, streift diese ein Windhauch. Funken stieben, eine gewaltige Explosion lässt das Delfter Doelenkwartier mit seinen Webereien und Wohnhäusern in die Luft fliegen. In den nächsten 24 Stunden ist die Delfter Bevölkerung – sofern sie überlebt hat – damit beschäftigt, Trümmer zu beseitigen, Brände zu löschen, Verletzte und Tote aus dem Schutt zu bergen. Der »Delftse donderslag« (der »Delfter Donnerschlag«) ist gut dokumentiert. Wie viele Menschen aber umkamen, konnte nie genau festgestellt werden. Meist wird die Zahl 1200 genannt. Auch der erst 32-jährige Maler Carel Fabritius gehört zu den Toten. Seine Werkstatt und alle im Atelier befindlichen Arbeiten des Malers sind verbrannt, so gerät er für fast 200 Jahre in Vergessenheit.

Seine Wiederentdeckung ist Napoleon zu verdanken. Er lässt im Jahr 1807 ein bis dahin unbeachtetes Bild mit dem Titel »Torwache« aus der Residenz der mecklenburgischen Herzöge in Schwerin nach Paris bringen. Bei der Restaurierung in Frankreich entdeckt man die übermalte Original-Signatur sowie eine Datierung: »C. Fabritius 1654«.

Inzwischen steht fest, dass nicht nur die »Torwache«, sondern auch zwei Bilder im Besitz des Duke of Westminster, die bisher als Rembrandts galten, vom Maler Fabritius sind. Darüber hinaus geht man davon aus, dass in den vergangenen Jahrhunderten mehrfach Werke des Malers als »echte Rembrandts« oder zumindest als Rembrandt-Zuschreibungen verkauft wurden. Heute gilt Carel Fabritius als einer der ganz

Großen des »Goldenen Zeitalters« der niederländischen Malerei. Er wird in einem Atemzug mit Rembrandt und Vermeer genannt.

Marvin Gaye – Tödlicher Vater-Sohn-Konflikt

Missverständnisse, Ansprüche, Auflehnung, die Beziehung zwischen Vätern und ihren Söhnen ist oft schwierig und voller Konflikte. Berühmtheiten wie der Preußenkönig Friedrich der Große, der Schriftsteller Franz Kafka oder der »King of Pop« Michael Jackson hatten in ihrer Jugend ein kompliziertes Verhältnis zu ihren Vätern. Auch den berühmten Soulsänger Marvin Gaye verband eine Hassliebe mit seinem Vater.

Die Gays, eine Familie mit sechs Kindern, wohnen in den 40er Jahren des letzten Jahrhunderts in Washington D.C. Marvin Gay senior ist ein bigotter, fundamentalistischer Prediger einer Sekte mit dem Namen »House of God«. Privat ist er ein erbarmungsloser Tyrann, der seinen Kindern jegliches Freizeitvergnügen wie Sport, Tanz oder Kino verbietet und sie immer wieder grundlos verprügelt. Im streng religiösen Haushalt wagt es keines der Kinder, sich gegen den Vater aufzulehnen, jeden Samstag sitzen die Gays geschlossen in der Kirche. Der Familienname Gay, was auch so viel wie »schwul« bedeuten kann, ist besonders für die Kinder eine zusätzliche Belastung. In der Gemeinde wird über den eigentümlichen Prediger getuschelt, vor allem, weil jeder weiß, dass er sein Haus regelmäßig in den Kleidern seiner Frau verlässt.

Vor allem für Marvin junior wird das Verhalten des Vaters zu einem Trauma, das ihn sein Leben lang begleitet. Im Alter von 16 Jahren schmeißt er die Schule, verlässt das Elternhaus und hängt ein »e« an den verhassten Nachnamen Gay. Er schafft es, beim frisch gegründeten Plattenlabel Motown zum Top-Songwriter aufzusteigen, und landet auch eigene Hits. Trotz des Erfolgs weigert sich sein Vater jedoch, die Lieder seines Sohnes anzuhören. Erst als die Stadt Washington 1972 zu Ehren des erfolgreichen Musikers einen Marvin-Gaye-Tag ins Leben ruft, versöhnen sich Vater und Sohn. Marvin junior befindet sich zu dieser Zeit bereits in einer Abwärtsspirale von bizarrem Sex und ungezügeltem Drogenkonsum. Brillanten Momenten folgen tiefe Depressionen, zwei Ehen scheitern, und schließlich fordert die Steuerbehörde eine Nachzahlung von viereinhalb Millionen Dollar.

In seiner Not flüchtet Marvin Gaye junior ins belgische Ostende. Mehrmals versucht er erfolglos, seine Kokain-Abhängigkeit zu überwinden, labil und ausgelaugt kehrt er 1983 dann in die USA zurück. Nach einer Tournee durch Amerika quartiert er sich ausgerechnet bei seinen Eltern ein. Während Vater Marvin sich mit Wodka zuschüttet, lässt Marvin junior sich jede Menge Kokain ins Haus liefern. Groupies oder wahlweise eine seiner beiden Ex-Frauen nehmen an seinen Sexspielen teil.

In Marvin Gaye tobt ein ständiger Kampf zwischen Sex und Drogen einerseits und seiner streng religiösen Erziehung andererseits. Der seelische Konflikt und sein exzessiver Drogenkonsum führen schließlich zu einer Art Verfolgungswahn. Paranoid geworden, besorgt Marvin sich ein billiges Maschinengewehr – und als böse Überraschung schenkt er seinem Vater zu Weihnachten 1983 einen nicht registrierten Revolver der Marke Smith & Wesson, Kaliber 38.

Am 1. April 1984, einen Tag vor dem 45. Geburtstag von

Marvin Gaye, kommt es zwischen Vater und Sohn wegen einer Kleinigkeit zu einer heftigen Auseinandersetzung. Als der Senior brüllend das Zimmer seines Sohnes betritt, springt dieser aus dem Bett, wirft den 70-Jährigen zu Boden und tritt nach ihm.

In rasendem Zorn geht Marvin senior in sein Schlafzimmer und erscheint kurz darauf wieder bei seinem Sohn. In der Hand hält er den Revolver, den ihm sein Sohn Marvin geschenkt hat. Wortlos drückt er ab und trifft seinen Sohn mitten ins Herz.

Marvin Gaye hat mehrfach mit Selbstmord gedroht. Es könnte deshalb sein, dass er seinem Vater den Revolver schenkte und den Streit provozierte, damit der ihn tötet. Weil er für eine Selbsttötung wahrscheinlich nicht die Kraft hatte.

Jon-Erik Hexum – Tödliche Langeweile

In der amerikanischen TV-Krimiserie »Cover up« aus den 1980er Jahren geht es um eine Modefotografin, die gemeinsam mit einem als Model verkleideten Elitesoldaten bedrohte Amerikaner retten soll. Die Rolle des »Model«-Soldaten wurde von dem amerikanischen Schauspieler Jon-Erik Hexum ideal verkörpert.

Hexums Familie war von Norwegen nach Tenafly im Staat New York ausgewandert, wo Jon-Erik 1957 geboren wird. Nach ein paar Semestern Medizin wechselt er die Fachrichtung und beendet seine wissenschaftliche Karriere als Bachelor of Arts der Sozialwissenschaft und Philosophie. Sein schauspielerisches Talent hat der blendend aussehende junge

Mann schon am Theater der Highschool bewiesen, und auch während seines Studiums bekam er hin und wieder eine kleine Rolle beim Film. Nachdem er in einigen Nebenrollen aufgetreten war, erhielt er schließlich auf Empfehlung von Bob LeMond, dem Entdecker John Travoltas, eine Rolle in der NBC-Science-Fiction-Serie »Voyagers!«.

Nach einem gemeinsamen Film mit Denver-Clan-Biest Joan Collins gilt Jon-Erik als Sexsymbol und Idealbesetzung für die Hauptrolle in der Serie »Cover up«. Die Dreharbeiten ziehen sich Tag für Tag unendlich in die Länge. Zwar nutzt der Schauspieler die drehfreien Stunden, um sich auszuruhen, aber als die Verzögerungen andauern, beginnt sich Jon-Erik extrem zu langweilen. Wegen der sinnlosen Zeitverschwendung ist er bald ziemlich genervt, er hat keine Lust mehr. Um das zu zeigen – nur so zum Spaß –, setzt er sich seine mit Platzpatronen geladene Pistole direkt an die Stirn und drückt ab.

Durch die Wucht der explodierenden Patrone wird ein Loch in seinen Schädel gerissen, ein Knochensplitter dringt in sein Gehirn und führt zu massiven Blutungen. Sofort bringt man den Verletzten ins Beverly Hills Medical Center, doch trotz einer fünfstündigen Notoperation erwacht Jon-Erik Hexum nicht mehr aus dem Koma. Am 18. Oktober 1984 wird der 26-Jährige für hirntot erklärt, sämtliche lebenserhaltenden Maßnahmen werden eingestellt.

Brandon Lee – Auferstehung

Der Film »The Crow – Die Krähe« erzählt von einer alten Legende, nach der die Seelen Verstorbener von einer Krähe in das Reich der Toten gebracht werden. Wenn allerdings etwas sehr Tragisches mit den Verstorbenen passiert und die Seelen keine Ruhe finden, kann die Krähe die Toten auch wieder ins Diesseits zurückbringen. Brandon Lee spielt in dem Streifen die Rolle des »auferstandenen« Rächers. Beim finalen Showdown zwischen dem untoten Brandon und einem Gangster verliert er seinen Schutzengel in Gestalt der Krähe. Damit aber büßt er auch seine Unverwundbarkeit ein und schleppt sich schwer verletzt auf den Friedhof, wo er endgültig ins Reich der Toten entschwindet.

Da sich die Produktion in Zeitverzug befand, hatte man fahrlässigerweise für einige Schuss-Szenen keine Platzpatronen verwendet, sondern echte Munition, die man in der Eile vergessen hatte zu entschärfen. In der entscheidenden Szene feuert der Gangster mit einer 44er Magnum auf Brandon. Die Pistole, die der Gangster in der Hand hält, war zuvor für eine Großaufnahme mit solchen Blindpatronen ausgestattet worden. Keiner bemerkt, dass sich noch eine Geschosshülse im Lauf verklemmt hat. Diese leere Patrone steckt in der Kammer, als der Schuss aus weniger als vier Meter Entfernung auf Brandon abgefeuert wird. Durch den Explosionsdruck der nächsten Patrone wird ein Fragment der eingeklemmten Hülse mit annähernd der gleichen Durchschlagskraft eines echten Geschosses herausgefeuert und trifft Brandon Lee in den Bauch. Er bricht zusammen, doch erst als er sich vor Schmerzen krümmt, erkennt die Filmcrew, dass etwas nicht stimmt.

In einer sechsstündigen Operation versuchen die Chirurgen den Schwerverletzten zu retten, erfolglos. Am 31. März 1993 um 1:30 Uhr wird Brandon Lee für tot erklärt. Er wurde nur 28 Jahre alt.

Es blieb lange unklar, ob das Werk überhaupt in die Kinos gelangen würde. Für die Szenen, die noch nicht abgedreht waren, musste entweder ein Double eingesetzt oder mit Ausschussmaterial von Brandon Lee und digitalen Tricks gearbeitet werden, was in der damaligen Zeit bei dem recht niedrigen Budget der Produktion unmöglich schien.

Trotz der hohen Kosten entschloss man sich letztlich, Brandon Lee wieder zum Leben zu erwecken. Die Szene, in der Lee tödlich verletzt worden war, wurde neu geschrieben und mit einem Double nachgedreht. 1994, ein Jahr nach seinem Tod, kam der Film ins Kino und wurde ein großer Erfolg.

Anton Webern – Rauchen gefährdet das Leben

Zu Beginn des 20. Jahrhunderts gab es einen radikalen Wandel in der Musiktradition. Der Harmoniebegriff wurde durch atonale Musik erweitert. Hauptvertreter der Zwölftonmusik war neben Arnold Schönberg und Alban Berg der österreichische Komponist Anton Webern. Er war ein Mann voller Widersprüche, sensibel, starrköpfig und rücksichtslos zugleich. Sein unerschütterlicher Glaube an Ordnung und Obrigkeit verband sich mit einer klammheimlichen Faszination für welterschütternde Katastrophen.

Der 1883 in Wien geborene Musiker wurde später mit einer politischen Welt konfrontiert, die weder an seiner Kunst noch an seiner Arbeit interessiert war. Sein künstlerisches Umfeld, ein avantgardistischer Kreis um Arnold Schönberg, Alban Berg, Erwin Stein und Egon Wellesz, galt bei den Nationalsozialisten als undeutsch. Schon bald nach der Machtergreifung Hitlers mussten seine engsten musikalischen Wegbegleiter ins Exil gehen.

Er aber bleibt in Österreich, in dem festen Glauben, man könne das Hitler-Regime von der Richtigkeit der Zwölftonmusik überzeugen. Webern hofft auf eine Besserung des neuen Regimes und eine Anerkennung seiner Verdienste um die deutsche Musik. Als Privatmann begeistert ihn die großdeutsche Vision, und ganz gleich, welches politische System auch immer die Autorität vertrat, für ihn gilt, »man muss der Obrigkeit gehorchen«.

Diese Auffassung steht komplett im Gegensatz zu seinem künstlerischen Temperament, das rebellisch und avantgardistisch ist. Doch der unbarmherzige Bannstrahl der neuen Machthaber trifft auch die Zwölftonmusik, und Weberns eigene Arbeit gilt als entartete Kunst. Zwar wird seine künstlerische Arbeit, vor allem im Ausland, hoch geschätzt, doch wegen seiner Abneigung, sich aus seiner vertrauten Umgebung zu lösen, kommt für ihn der Gang ins Exil nicht in Frage.

Webern wird Zeuge und Leidtragender des Krieges. Seine kompromisslose Haltung zugunsten der neuen Musik macht ein öffentliches Auftreten unmöglich, er vereinsamt und verarmt zusehends. Sirengeheul und detonierende Bomben machen jede schöpferische Arbeit unmöglich. Von der gefürchteten Einberufung zur Luftschutzpolizei wird er schon bald wieder freigestellt, doch der Tod seines einzigen Sohnes erschüttert den hochsensiblen Mann zutiefst. Am 31. März

1944 flüchtet er mit seiner Frau Wilhelmine aus dem zerstörten Wien. Nach einem beschwerlichen Fußmarsch erreicht er die Familien seiner Töchter im fernen Mittersill.

Wegen seiner günstigen Lage zwischen den Kitzbüheler Alpen und dem Großvenediger gilt Mittersill als sicherer Fluchtpunkt für Heimatlose aller Herren Länder. Die Folge: Die kleine Ortschaft ist nahezu überflutet mit Flüchtlingen, auch bei der Großfamilie von Anton Webern herrscht bedrohliche Enge. An ein Komponieren ist bei dem Trubel von Kindern und Enkeln nicht zu denken, nur während seiner Wanderungen in den Wäldern und den Bergen des Pinzgaus findet Webern Ruhe und Entspannung. Nachdem Benno Mattel, einer der heimgekehrten Schwiegersöhne, auszieht und am Ortsrand von Mittersill für seine Familie eine eigene Unterkunft findet, entspannt sich die Lage etwas.

Benno Mattel hat nicht nur schnell eine Wohnung gefunden, er war auch auf dem Schwarzmarkt ziemlich fix, durchschaute schnell, dass die lukrativsten Geschäfte mit Angehörigen der US-Armee zu machen waren. Dabei waren Kontakte, vor allem der Handel zwischen der Bevölkerung und den amerikanischen Soldaten, absolut verboten. Besonders streng kontrolliert wurden die Devisenvorschriften, und nicht einmal Militärangehörigen war es erlaubt, im Besitz amerikanischer Banknoten zu sein. Mattel wusste jedoch, dass viele Soldaten dennoch Geldscheine bei sich trugen, folglich tätigte er auch in diesem Bereich Geschäfte.

Um den Schwarzmarkt zu kontrollieren und vor allem, um in Mittersill für Recht und Ordnung zu sorgen, war eine Spezialtruppe der US-Armee abkommandiert worden. Angesichts vieler Flüchtlinge, Krimineller und untergetauchter Nazis blieben Spannungen nicht aus, sogar Raubüberfälle und Morde waren an der Tagesordnung. Den Amerikanern blieb auch das Treiben des geschäftstüchtigen Mattel nicht verborgen. Raymond Bell, ein Kompaniekoch, machte dem Hauptquartier in Zell am See eines Tages Meldung, dass Benno Mattel nicht nur an den üblichen illegalen Lebensmitteltransaktionen interessiert sei, sondern auch an dem absolut verbotenen Devisentausch. Nachdem die Angelegenheit vom Counter Intelligence Corps besprochen worden war, entschied man, dass der ortskundige First Sergeant Andrew W. Murray gemeinsam mit dem Kompaniekoch einen Deal fingieren sollte, um Mattel auf frischer Tat zu ertappen …

Der Aufenthalt in Mittersill soll für Anton Webern nur eine Übergangslösung sein, doch weil die erhabene Schönheit der Berge seine Schaffenskraft beflügelt, will er noch etwas länger bleiben. Von den Machenschaften seines Schwiegersohns Mattel hat Webern keine Ahnung, und die Einladung von Tochter Christine und ihrem Mann zum Abendessen am 15. September 1945 nehmen er und seine Frau gerne an. Sich einmal richtig satt essen zu können, ist damals nur selten möglich.

Während des Essens in der Küche sind alle guter Laune, Mattel erwähnt, dass er im Laufe des Abends noch Amerikaner erwarte, außerdem habe er für diesen Abend eine ganz besondere Überraschung für seinen Schwiegervater parat. Es ist bekannt, dass Anton Webern neben der Musik nichts mehr schätzt als eine gute Zigarre, ein Genuss, von dem er seit Monaten nur träumen kann, Tabak ist nicht zu bekommen – und nun schenkt ihm sein Schwiegersohn eine dieser herrlichen amerikanischen Zigarren.

Als gegen 21 Uhr die angekündigten Amerikaner kommen, zieht sich das Ehepaar Webern mit Tochter und Enkeln zurück, um in einem Nebenraum den Abend gemütlich ausklingen zu lassen. In der Küche wird währenddessen das Scheingeschäft zum Abschluss gebracht. Als man sich über die Preise für Zucker, Kaffee und Zigaretten einig ist und es zur Bezahlung kommt, schnappt die Falle zu, die beiden US-Soldaten ziehen ihre Pistolen und nehmen den überraschten Mattel fest. Sergeant Murray übernimmt wie besprochen die Bewachung des Gefangenen, während Raymond Bell ins nahegelegene Gasthaus aufbricht, um den Dolmetscher Sergeant Martin U. Heimann zu holen. Die Festnahme-Aktion hat die beiden Soldaten ziemlich gestresst, vor allem der Koch ist sehr nervös.

Wegen der unsicheren Lage in Mittersill wird streng auf die Einhaltung der Ausgangssperre ab 22:30 Uhr geachtet, man ist gut beraten, rechtzeitig zu Hause zu sein. Um 21:45 Uhr entschuldigt sich Anton Webern bei Frau und Tochter, er will vor dem Heimweg noch ein paar Züge an der geschenkten Zigarre genießen – und zwar im Freien, um seine schlafenden Enkel nicht zu stören. Von den Vorgängen in der Küche ist bisher kein Laut nach außen gedrungen. Anton Webern tritt vor die Türe, da hallen drei Schüsse durch die nächtliche Stille von Mittersill.

Als der Dolmetscher endlich am Haus von Mattel eintrifft, wird er von Raymond Bell über den Vorfall informiert. Tatsächlich liegt im Zimmer gegenüber der Küche, in der Mattel eingesperrt ist, ein toter Mann mit deutlich sichtbaren Schussverletzungen, neben ihm sitzt völlig verstört dessen Frau. Der Kompaniekoch Raymond Bell hat die tödlichen Schüsse abgefeuert.

Bei der Vernehmung erklärt Bell, in Notwehr gehandelt zu haben. Doch was genau geschehen ist, vor allem auch, warum geschossen wurde, ist bis heute unklar. Fakt ist, dass der Kompaniekoch zweifellos sehr angespannt war, als er nach der Festnahme von Mattel nach draußen ging und in der Dunkelheit unerwartet auf eine Gestalt stieß. Vielleicht war es Weberns aufleuchtende Zigarrenglut, die ihn erschreckte, jedenfalls fühlte er sich angegriffen, und in vermeintlicher Notwehr feuerte er drei Schüsse ab, die den ahnungslosen Komponisten Anton Webern töteten.

4.
Der letzte Stich

Francesco Borromini – Gereizte Stimmung

Der Architekt Francesco Borromini ist eine Lichtgestalt des italienischen Barock, aber er hat auch seine Schattenseiten: So wird er am 5. Oktober 1659 Zeuge, wie der Steinmetz Marcantonio Bussone einen halbfertigen Cherub für die Basilika San Giovanni in Laterano zerbricht und dabei spöttisch grinst. Außer sich vor Wut und davon überzeugt, dass Bussone seine Arbeit boykottieren will, lässt er ihn brutal verprügeln und anschließend gefesselt einsperren. Infolge der brutalen Behandlung stirbt Bussone; nur Borrominis Verdienste um den Bau der Basilika bewahren ihn vor einer Verurteilung. Neben der Mitwirkung am Petersdom hat Borromini noch viele weitere Sakralbauten Roms gestaltet.

Er wird 1599 in der Schweiz geboren und, nachdem er als junger Steinmetz beim Bau der Kirche San Giovanni de Fiorentini in Rom Arbeit gefunden hat, bleibt er sein Leben lang in der heiligen Stadt wohnen. Eine kleine Pension, die ihm durch Papst Innozenz X. zu Beginn der Restauration der zweitgrößten Kirche Roms nach dem Petersdom, San Giovanni di Laterano, im Jahr 1642 zugesprochen worden war, macht ihn finanziell unabhängig. Es folgen weitere Auszeichnungen, der König von Spanien würdigt seine Arbeit für den Palazzo di Spagna, vom Papst bekommt er die goldene Kette mit Christusorden und darf sich nun »Cavaliere« nennen.

Ein unumstößliches Prinzip des italienischen Baumeisters Borromini ist, alles selbst zu machen, selbst zu entwerfen, anzuordnen und dafür zu sorgen, dass das Ganze gut ausgeführt wird. Um seine eigenen Ideen zu verwirklichen, verzichtet er lieber auf sein Honorar, als sich den Vorstellungen seiner Auftraggeber unterzuordnen. Seine Arbeit hält er für so elitär, dass er normalerweise nur Aufträge für monumentale Bauwerke, also Kirchen und Paläste, annimmt. Als er gebeten wird, einen Entwurf für den Erweiterungsbau des Louvre zu erstellen, entspricht die Größe des Bauvorhabens zwar durchaus seinen Vorstellungen. Doch dann erfährt er, dass er gemeinsam mit anderen Künstlern, möglicherweise sogar im Wettbewerb, am Bau beteiligt werden soll. Das kommt für ihn überhaupt nicht in Frage. Vielleicht hätte der König ihn in einem direkten Gespräch umstimmen können, doch der meldet sich nicht, und so scheitern alle Versuche, ihn zu überreden, seine bereits fertigen Entwürfe doch noch einzureichen. Die Zumutung, gemeinsam mit anderen an ein und demselben Projekt zu arbeiten, bringt Borromini so in Rage, dass er alle seine Unterlagen verbrennt. Keiner seiner Entwürfe und fertigen Pläne soll in die Hand eines Konkurrenten gelangen.

Die unangenehmen Begleitumstände des Louvre-Baus wühlen Francesco Borromini so auf, dass er im Sommer 1667 vom Fieber geschüttelt und von nervösen Zuständen befallen wird. Aus Angst, dass seine Erkrankung schlimme Folgen haben könnte, will der Kranke sein Testament machen. Er setzt sich am Abend des 1. August hin und schreibt bis tief in die Nacht. Besorgt um die Gesundheit seines Herrn bittet sein Diener ihn, sich ins Bett zu legen, und versichert ihm, die

Kerzen wieder anzuzünden, falls Borromini aufwachen und weiterschreiben wolle.

Tatsächlich wacht Borromini noch mitten in der Nacht auf und verlangt nach Licht, das ihm der Diener jedoch verweigert, um den Anweisungen des Arztes zu entsprechen, der dem Kranken absolute Bettruhe verordnet hat. Von leidenschaftlicher Verzweiflung gepackt wartet Borromini noch auf die Morgendämmerung des 2. August 1667, ehe er plötzlich, in einem Wutanfall, nach seinem Degen greift und sich dessen Klinge in den Leib rammt. Trotz der schweren Wunde überlebt Francesco Borromini seinen fatalen Wutanfall, aber nur einen einzigen Tag …

Stephen »Steve« Irwin – Krokodiljäger leben gefährlich

Australien gilt als Traumziel für viele Abenteurer. Doch auf dem roten Kontinent leben nicht nur die sanft dreinschauenden Kängurus, sondern auch die gefährlichsten Tiere der Welt. An Land lauern Spinnen und Schlangen, deren Stiche oder Bisse tödlich enden können, im Meer warten Haie und Rochen, und in Flussgebieten gibt es meterlange Krokodile.

Vor all diesem Getier nie gefürchtet hat sich Steve Irwin. Mit seinen Dokumentarfilmen hat der Kult-Australier eine ganze Generation zu begeisterten Tierschützern gemacht. In über 122 Ländern – vor allem aber in Amerika – kennt man den Mann, den seine Fans »Crocodile Hunter« nannten. Irwins Markenzeichen war sein unerschrockener Ganzkörpereinsatz nicht nur bei sehr gefährlichen Krokodilen …

Steve Irwin wuchs auf der Reptilienfarm seiner Eltern 43 Meilen nördlich von Brisbane auf. Im Alter von sechs Jahren bekommt er eine fast vier Meter lange Pythonschlange geschenkt, drei Jahre später fängt er sein erstes Krokodil. Besonders spektakulär sind seine Badeausflüge inmitten von Alligatoren. Der Reptilien-Experte machte den 1991 von seinen Eltern übernommenen kleinen Familienzoo zu einer Touristenattraktion, und bald schon begann er mit den Dreharbeiten für seine TV-Serie. Der risikofreudige Tierliebhaber sprang für die Filmaufnahmen zu Krokodilen ins Wasser, liebkoste Schlangen und näherte sich so ziemlich allem, was wild und gefährlich war.

Um die Meeresdokumentation »Oceans' Deadliest« zu drehen, ist der 44-jährige Steve gemeinsam mit seinem Kameramann an die australische Nordostküste gereist. Bei ihrem Tauchgang auf der Suche nach einem Tigerhai, den sie filmen können, treffen sie auf einen riesigen, ungefähr zweieinhalb Meter breiten Stachelrochen. Obwohl Stachelrochen eher ruhige Unterwasser-Gesellen sind, benutzen sie ihren langen Stachel am Hinterleib auch zur Verteidigung. Der Stich ist nicht zwangsläufig tödlich, bei einer Attacke kommt es darauf an, wie tief bzw. wo sich der Stachel in den Körper bohrt. Bei einigen Rochenarten ist der Stachel mit Widerhaken versehen, die tiefe Risswunden verursachen können.

Beide Taucher verständigten sich, dass das zufällige Aufeinandertreffen die perfekte Gelegenheit darstellt, um Drehmaterial für einen anderen Teil ihres Films zu sammeln, und näherten sich dem Tier, so wie sie es viele Male zuvor schon getan hatten. Nachdem sie eine Weile gefilmt hatten, beschließt Irwin, noch eine Szene zu filmen, in der er sich dem Rochen von hinten nähert und die der krönende Abschluss des Tages werden soll. Der Kameramann hat den Rochen im Fokus und beobachtet, wie das riesige Tier mit seinem Schwanz samt Stachel in wenigen Sekunden mehrfach zustößt, bis der abgespreizte Stachel abbricht. Ohne zu realisieren, was passiert ist, schwenkt er mit der Kamera zurück und sieht, dass Steve von Blut umgeben ist.

Der gezackte Stachel hatte die Brust wie nichts durchbohrt und die Lunge und wohl auch das Herz getroffen. Seine Begleiter brachten ihn, so schnell es ging, auf das Boot, doch für Rettungsversuche war es bereits zu spät. »Ich sterbe«, waren die letzten Worte des legendären Krokodiljägers.

Christopher Marlowe – Dunkle Ehrenmänner

Seit Jahrhunderten wird darüber debattiert, ob hinter dem genialen Dichter William Shakespeare eigentlich ein anderes Genie, nämlich Christopher Marlowe, steckt. Tatsächlich waren die beiden Zeitgenossen. Das Geburtsdatum von Marlowe ist unbekannt, sicher ist nur, dass er am 26. Februar 1564 in Canterbury getauft wurde und ein ziemlich bewegtes Leben geführt hat. Seine Welt ist in erster Linie das Theater; er brachte in das schematisch erstarrte englische Schauspiel lebensnahe Figuren ein. Sogar Goethe war bei der Betrachtung von Marlowes »Doctor Faustus« beeindruckt.

Gleichzeitig bewegt sich Marlowe in Kreisen intriganter Politiker, deren dunkle Geschäfte im elisabethanischen England blühen. Und er gehört zum engen Freundeskreis um Sir Walter Raleigh, den Günstling Elisabeths I. Hier beschäftigt man sich ausgiebig mit den verbotenen Schriften des florentinischen Staatsphilosophen Machiavelli. Genug Diskussionsstoff bieten auch die Thesen zur Unendlichkeit des Universums von Giordano Bruno, der sich, wenn auch nur vorübergehend, in London aufhält.

Es ist sein atheistisches Weltbild, das dem Freigeist Marlowe schließlich zum Verhängnis wird. Worüber er und seine Freunde redeten, das hörte sich verdächtig an und verstörte die Zeitgenossen. Schließlich wird er wegen Gotteslästerung, Spionage und Homosexualität angeklagt. Doch zum Prozess kommt es nicht mehr. Nach offizieller Verlautbarung ist der Dichter an der Pest gestorben.

In einer erst 1925 entdeckten amtlichen Urkunde wird allerdings eine andere Version zum Tod von Marlowe geschildert: Der 29-jährige Christopher Marlowe hat sich demnach am 30. Mai 1593 in einem Wirtshaus in Deptford, nicht weit von London, mit drei Unbekannten getroffen. Die Männer hätten stundenlang diskutiert, gegessen und getrunken und seien anschließend auf ihr Zimmer gegangen. Dort sei es zu einem handfesten Streit gekommen, bei dem Marlowe erstochen wurde.

Hartnäckig hält sich seither aber auch die These, dass der Tod Marlowes nur vorgetäuscht worden sei, um ihm den sicheren Tod auf dem Scheiterhaufen zu ersparen. Demnach war die Wirtshausschlägerei von langer Hand geplant worden, um einen der Saufkumpane zu ermorden und den Toten dann als Christopher Marlowe auszugeben. Der echte Marlowe wiederum sei untergetaucht und habe fortan unsterbliche Dramen verfasst, die als Werke Shakespeares veröffentlicht worden seien …

Sisi, Kaiserin von Österreich – Tod im Hotel

Das Genfer Hotel »Beau Rivage« befindet sich am berühmten Quai du Mont-Blanc, der eleganten Uferpromenade am Genfer See. Es ist ein prachtvoller palastartiger Bau, dessen Gästeliste das Who is Who einer Allzeit-Society widerspiegelt: Der Herzog und die Herzogin von Windsor, russische Großfürsten, etliche Maharadschas, General de Gaulle oder die Millionäre Rockefeller und Vanderbilt haben hier residiert. Auch Künstler wie Robert Schumann, Richard Wagner, Benny Goodman, Jean Cocteau, Charlie Chaplin oder Clark Gable sind im »Beau Rivage« abgestiegen. Es ist aber Elisabeth, die Kaiserin von Österreich, die das Hotel international in die Schlagzeilen brachte.

Am 9. September 1898 kommt Kaiserin Elisabeth in Genf an und quartiert sich unter dem Pseudonym »Gräfin von Hohenembs« ein. Eine Schweizer Zeitung lüftet das Inkognito und berichtet, dass Ihre Majestät im »Beau Rivage« abgestiegen sei. Auch der italienischstämmige, 25 Jahre alte Anarchist Luigi Lucheni liest diese Nachricht und sieht seine große Stunde gekommen. Der 1873 in Frankreich geborene Luigi wurde von seiner ledigen Mutter ins Findelhaus gebracht, von dort kam er von einem Pflegeheim ins andere, von einer Pflegefamilie in die nächste. Bereits im Alter von zehn Jahren musste er hart arbeiten, er jobbte auf verschiedenen Baustellen, 1896 nahm er am italienischen Feldzug gegen Abessinien teil, dann war er für kurze Zeit als Diener eines italienischen Herzogs angestellt. Als der ihn nach wenigen Monaten wieder entließ, begann Luigi den Adel abgrundtief zu hassen.

Als der italienische König Umberto I. im Mai 1898 in Mailand Hunderte von aufständischen Arbeitern massakrieren lässt, schwört Luigi Lucheni Rache. Gleichgesinnte, ebenfalls Feinde der Monarchie, hatten sein Interesse an anarchistischer Gesinnung geweckt. In seinen Augen gilt es nun, die verkommene Aristokratie sowie die kapitalistische Bourgeoisie – wie lästige Parasiten – zu vernichten.

Zwischenzeitlich ist Luigi wegen der besseren Verdienstmöglichkeiten in die Schweiz gezogen. Als er erfährt, dass der französische Prinz Henri Philippe Marie d'Orléans nach Genf kommt, will er den Prinz töten. Als Mordwaffe wählt er eine Dreikantfeile, die er zusätzlich anspitzt. Doch der Mordplan scheitert, der Prinz hat sein Vorhaben, ein paar Tage in Genf zu verbringen, kurzfristig abgeändert. Lucheni jedoch ist fest zur Tat entschlossen und sucht nun ein Ersatzopfer, um »irgendein Attentat« zu verüben.

Am 10. September verlässt die Kaiserin am Vormittag das Hotel, um für ihre Tochter Valerie noch ein paar Einkäufe zu erledigen. Am Nachmittag ist mit dem Linienschiff »Montreux« auf dem Genfer See eine Bootsfahrt geplant. Gemeinsam mit ihrer Hofdame Irma Gräfin Sztáray verlässt Sisi das Hotel, um die wenigen Schritte zur Schiffsanlegestelle zu Fuß zurückzulegen. Als Luigi Lucheni die Kaiserin auf dem Quai sieht, rennt er auf sie zu. Elisabeth sieht den Mann auf sich zukommen und weicht zur Seite aus, um nicht überrannt zu werden. Auch Lucheni macht einen Schritt zur Seite und rammt seine Mordwaffe, die Feile, in die Brust der Kaiserin, die rücklings zu Boden stürzt und mit dem Kopf auf dem Pflaster aufschlägt. Etwas geschockt von dieser Situation rappelt sich Elisabeth mit Hilfe ihrer Hofdame dann schnell wieder auf, wischt sich den Staub von den Kleidern und geht gemeinsam mit ihrer Hofdame zum Schiff.

Im Glauben, nur einen heftigen Stoß erhalten zu haben,

besteigt die Kaiserin das Ausflugsschiff, wo sie kurz darauf mit den Worten »Was ist denn mit mir geschehen?« ohnmächtig zu Boden sinkt. Als Gräfin Sztáray das enge Mieder der Kaiserin öffnet, um ihr Luft zu verschaffen, bemerkt sie einen frischen Blutfleck am Unterhemd. Schlagartig wird ihr klar, dass auf die Kaiserin bei dem Vorfall eingestochen wurde. Elisabeth wird sofort ins Hotel gebracht, wo sie 20 Minuten später an inneren Blutungen stirbt.

Der Attentäter Luigi Lucheni wird festgenommen und nach einem Prozess zu lebenslanger Haft verurteilt. Nach zwölf Jahren im Kerker erhängt er sich am 19. Oktober 1910 in seiner Zelle. Die Enthauptung, die er selbst bei seiner Verurteilung gefordert hatte, findet nun an seiner Leiche statt. Sein Kopf wird nach Wien geschickt, wo er bis zum Jahr 2000 im anatomischen Institut aufbewahrt bleibt, erst dann wird er auf dem Wiener Zentralfriedhof beigesetzt.

Adalbert Stifter – Ein scharfer Schnitt

Adalbert Stifter ist ein romantischer Realist mit einem eher düsteren Charakter. Sein Augenmerk für das Stille und Unscheinbare, sein Glaube an eine vollkommene Welt, die er in einzigartige Naturschilderungen verpackt, entsprechen dem Geist des Biedermeier.

Adalbert wird 1805 in Oberplan, einer kleinen böhmischen Ortschaft geboren. Als überdurchschnittlich begabter Schüler erhält er ein Stipendium für das Gymnasium Kremsmünster, eine Eliteschule vorwiegend für den jungen österreichischen Adel. Schon früh malt er und schreibt Gedichte, allerdings ohne großen Ehrgeiz. 1826 beginnt er in Wien Jura zu studieren, bricht dieses Studium aber später ohne Examen ab und hält sich als Privatgelehrter über Wasser.

Er umwirbt Fanny, ein Mädchen aus gutbürgerlichem Haus, sie wäre für ihn eine gute Partie und sicher seinen Ambitionen förderlich, in der österreichischen Gesellschaft Anerkennung zu finden. Als Fanny sich gegen Stifter entscheidet, heiratet er 1837 die hübsche, aber eher ungebildete Putzmacherin Amalia Mohaupt. Amalia, die durch Stifter gesellschaftlich aufzusteigen hofft, organisiert nun das Leben ihres Gatten. Alles hat seinen Platz und seine Ordnung. Neben seiner Tätigkeit als Hauslehrer weiß Stifter lange Zeit nicht, welcher seiner Neigungen er nachgeben soll, der Malerei oder der Literatur. Schließlich entscheidet er sich für die Schriftstellerlaufbahn.

Mit der Erzählung »Hochwald« (1841) gelingt Stifter der Durchbruch. Er erkennt, dass sein Stil genau dem Gefühl und dem Sehnen der Zeit entspricht, und tatsächlich erfährt er schon bald die Anerkennung, von der er seit seinen Kremsmünster Schultagen geträumt hat. Seine Erzählungen werden Bestseller. So findet Stifter Eingang in die höchsten aristokratischen Kreise Wiens und wird zu einer geachteten Persönlichkeit. Er ist zu Gast im Haus des Staatskanzlers Fürst Metternich und unterrichtet als Privatlehrer dessen Kinder. 22 Jahre lebt er in Wien, trotz seiner künstlerischen Erfolge übernimmt er 1850 einen Posten im Schuldienst in Linz.

Die Stifters haben es geschafft, sind etabliert, leben in einer feudalen Wohnung, in der pedantische Ordnung herrscht. Für Gäste stehen auf den Marmor- und Parkettböden stets Filzschuhe bereit. Als hätte man Angst, jemand könnte ihnen den rasanten sozialen Aufstieg streitig machen, wird bis zu sechs Mal täglich getafelt: Suppe, Rinderbraten, Taube, Spargel, dazu Rotwein; hinterher Buchteln, ein regionales Hefegebäck, Kaffee, eine Zigarre; Adalbert und Amalia werden derart innerhalb weniger Jahre zu stattlichen, übergewichtigen Persönlichkeiten.

Wie der Autor sein eigenes Leben, so ordnen sich auch Stifters Romanfiguren dem ewigen Lauf der Zeit unter, ruhig und beständig verrichten sie ihre Aufgaben, in der Hütte wie im Palast. Es ist eine »ästhetische Besinnungsliteratur«, die stets die Unterordnung unter bestehende Verhältnisse einfordert. Die soziale und politische Wirklichkeit blendet Adalbert Stifter in seinen Erzählungen und Romanen weitgehend aus, gesellschaftliche Widersprüche ignoriert er, die gottgewollte Ordnung einer erstarrten Gesellschaft schreibt er fest – und erstarrt dabei letztlich selbst.

Doch die Zeit ist längst vorangeschritten, die feudal-aristokratischen Verhältnisse, an die Stifter in seinem Werk immer geglaubt hat, wanken. Die industrielle Revolution bringt nicht nur mechanische Webstühle, Dampfmaschinen und Hochöfen hervor. Es entsteht auch eine neue Klasse, das Proletariat. Diese Menschen haben kein Interesse an Wald und Flur, Grashalm und Johanneskäferchen; Adalbert Stifter, der im herrschaftlichen Wien lange Zeit ein berühmter Schriftsteller war, ist am Ende seines Lebens fast schon vergessen.

Dass er sich durch das üppige Essen und Trinken eine Leberzirrhose eingehandelt hat und ein kranker Mann ist, will er nicht glauben. Stifter ist überzeugt, dass seine regelmäßigen Kuraufenthalte bald zu einer endgültigen Heilung führen werden. Ende Oktober 1867 erkrankt Amalia an Grippe und steckt auch ihren Mann an, der die Symptome zunächst auf die leichte Schulter nimmt. Seine Erkrankung ist allerdings nicht harmlos; im Dezember verordnet der Arzt absolute Bettruhe. Als auch im Januar des folgenden Jahres keine Besserung eintritt, beklagt sich der geschwächte und zu düsteren Stimmungen neigende Stifter über den schleppenden Fortgang seiner Schreibarbeiten.

In der Nacht vom 25. auf den 26. Januar 1868 verlässt Amalia kurz das Zimmer. Als sie zurückkommt, liegt Adalbert blutüberströmt im Bett. Er hat, vielleicht in einem Anfall von Verzweiflung, zu seinem Rasiermesser gegriffen, sich quer in den Hals geschnitten und dabei die Halsschlagader geöffnet. Zwei Tage später, am 28. Januar 1868, stirbt Adalbert Stifter, der große, eigenwillige Idylliker der deutschsprachigen Literatur.

5.
Neptuns Beute

Barbarossa – Spruch des Sterndeuters

Jerusalem ist für die Christen des Mittelalters eine der bedeutendsten Wallfahrtsstätten. Zahlreiche Gläubige pilgern Jahr für Jahr in die Heilige Stadt, in der Jesus Christus gestorben und auferstanden sein soll. Das können sie zunächst auch noch, nachdem die Moslems große Teile des Nahen Ostens und Nordafrikas erobert haben. Als aber im Jahr 1070 die Seldschuken, ein türkischer Volksstamm, Jerusalem unter ihre Kontrolle bringen, ist es mit der »Besuchserlaubnis« für christliche Pilger vorbei. Zwischen dem 11. und 13. Jahrhundert machen sich dann im Auftrag des jeweiligen Papstes Kreuzritter auf den Weg, um die heiligen Stätten Jerusalems zu befreien. Auf ihrem Weg hinterlassen die »heiligen Krieger« Verwüstung und Tod.

Nachdem der ägyptische Sultan Saladin im Jahr 1187 Jerusalem erobert und die Heilige Stadt wieder in muslimischen Händen ist, ruft Papst Clemens III. zum dritten Kreuzzug auf. Auch der deutsche König und römische Kaiser Friedrich I., dem die Italiener wegen seines rotblonden Haupthaares und Bartes den Beinamen »Rotbart« – »Barbarossa« – gegeben haben, rüstet sich, trotz seines vorgerückten Alters von fast 70 Jahren, für den Kriegszug in den Orient. Obwohl die Truppen per Schiff ihr Ziel mehrere Monate früher erreicht hätten, wählt Friedrich den beschwerlichen Landweg. Sein alter Sterndeuter hat ihn gewarnt, dass er auf dem Kreuzzug ins Morgenland den Tod durch Ertrinken finden werde. Etwa 15 000 Mann, davon 3000 Ritter, brechen 1189 von Regensburg aus auf, durchqueren die Gebiete des feindseligen griechischen Kaisers und ziehen erobernd und plündernd durch Kleinasien.

Am 10. Juni 1190 erreichen die Kreuzfahrer den Fluss Saleph im südlichen Anatolien, nahe der Stadt Seleukia. Hier schlägt Friedrich am Flussufer ein Lager auf. In der sengenden Junihitze scheint es verlockend, sich in dem klaren, kalten Bergfluss abzukühlen. Auch Alexander der Große hatte der Überlieferung nach auf seinem Feldzug gegen die Perser im damals Kalykadnos genannten Fluss seinen erhitzten Körper gekühlt. Grund genug für Friedrich, es dem Makedonier gleichzutun.

Der Kaiser hört nicht auf die Warnungen seines Gefolges. Die Strömung ist nicht stark, außerdem kann er im Gegensatz zu den meisten Menschen des Mittelalters sehr gut schwimmen. Doch seine außergewöhnliche Fertigkeit nutzt Barbarossa letzten Endes nichts. Den Herrscher ereilt sein prophezeites Schicksal: Kaum ist er ins Wasser getaucht, sackt er zusammen und ertrinkt vor den Augen seiner Soldaten.

Wahrscheinlich hat Friedrich beim Sprung in die eiskalten Fluten einen Herzschlag erlitten. Als einzigen deutschen Herrscher des Früh- und Hochmittelalters hat ihn der Tod auf einem Feldzug ereilt – alle anderen sind im Bett gestorben.

Rudolf Diesel – Keine Ankunft in Harwich

Der 1858 in Paris geborene Augsburger Rudolf Diesel hatte einen neuartigen Motor erfunden, bei dem zusammengepresstes Gas sich durch Druck erhitzte und entzündete und so den Kolben weitertrieb. Seine Erfindung machte Diesel zwar weltberühmt, doch seine unermüdliche Entwicklungsarbeit und die zähen Lizenzverhandlungen griffen den Ingenieur physisch und psychisch sehr an. Vor allem aber belastete Diesel die Tatsache seines durch falsche Beratung kontinuierlich schwindenden Vermögens: Er weiß, am 1. Oktober 1913 kann er seinen Zinsverpflichtungen nicht mehr nachkommen. Einem Freund gesteht er seine großen Sorgen und die Angst, endgültig pleitezugehen.

Offenbar gibt es in finanzieller Hinsicht dann aber noch Hoffnung, denn am 29. September macht sich Rudolf Diesel an Bord des Dampfschiffs »Dresden« auf die Reise von Antwerpen nach Harwich. Seinem Sohn lässt er die telegraphische Nachricht zukommen, dass er von der Reise nach England, gemeinsam mit seinem belgischen Freund Georges Carels und dessen Chefkonstrukteur, positive Ergebnisse erwarte. Eventuelle Nachrichten bittet er, an seine Londoner Adresse, das »De Keyser's Royal Hotel«, zu senden.

An Bord der »Dresden« treffen sich Diesel, Carels und der Konstrukteur zum gemeinsamen Abendessen, die Stimmung ist heiter, und bei völlig ruhiger See fühlt sich keiner seekrank. Nach dem Abendessen vertreten sich die Männer an Deck noch die Beine, ehe gegen 22 Uhr jeder seine Kabine aufsucht. Diesel beauftragt den Steward noch, ihn, wie seine Kollegen, am Morgen um 6:15 Uhr zu wecken.

Am nächsten Tag erscheint Diesel dann nicht zum Frühstück, auch in seiner Kabine ist er nicht. Sein Bett ist unbenutzt, das Nachthemd liegt gefaltet auf der Decke und seine Reise-Utensilien scheinen komplett zu sein.

Das rätselhafte Verschwinden von Rudolf Diesel wird sofort der Schiffsleitung gemeldet, doch die Suche auf dem Schiff bleibt ergebnislos. Keiner hat Diesel nach 22 Uhr gesehen. Sofort nach dem Anlegen in Harwich wird die Vermisstenmeldung dem deutschen Vizekonsul überbracht. Erneut wird das Schiff gründlich durchsucht, doch der Ingenieur scheint sich in Luft aufgelöst zu haben. Als einzige Erklärung bleibt, dass Diesel über Bord gegangen ist.

Die See ist stürmisch, als am 10. Oktober 1913 Matrosen des niederländischen Lotsenbootes »Coertsen« im Ärmelkanal zwischen den Schelde-Inseln Noordland und Schouwen eine Wasserleiche entdecken. Diese ist allerdings zu verwest, um sie zu bergen; lediglich einige persönliche Habseligkeiten können den Kleidern entnommen werden: So findet man beim Ertrunkenen ein Brillenetui, ein Taschenmesser, ein Portemonnaie und eine Dose für Lutschpastillen. Die Gegenstände werden als Besitz von Rudolf Diesel identifiziert, er selbst wird für tot erklärt.

Ein Unfall kommt nicht in Betracht, da die Reling des Schiffes zu hoch ist, als dass jemand bei ruhiger See aus Versehen darüberfallen könnte. Auch Selbstmord wird als unrealistisch angesehen, denn den Mitreisenden hatte Diesel am Abend vor seinem Verschwinden noch in bester Laune geradezu enthusiastisch von der Zukunft seines Motors erzählt. Ein möglicher Mord ist reine Spekulation, doch die Mordthese beflügelt zumindest die Phantasie der Journalisten: Die politische Lage in Europa ist damals gespannt, es scheint durchaus möglich, dass der britische Geheimdienst durch

Diesels Tod die deutsche Aufrüstung sabotieren wollte. Es könnten ihn aber auch Schergen des deutschen Kaisers im Meer versenkt haben, um ihn daran zu hindern, U-Boot-Geheimnisse zu verraten. Beweisen lässt sich keine dieser Spekulationen. Sein Tod bleibt ein Rätsel.

Isabelle Eberhardt – In der Wüste ertrunken

Die Katastrophe bricht aus heiterem Himmel über Ain-Sefra herein. In der Nacht hat sich ein schweres Gewitter in der Nähe der kleinen französischen Garnisonsstadt im Grenzgebiet zwischen Algerien und Marokko entladen, doch am nächsten Morgen, dem 21. Oktober 1904, kündigt sich bereits die Gluthitze der Mittagssonne an. Ein ausgetrocknetes Flussbett teilt den Ort in zwei Hälften, das etwas höher gelegene Militärquartier auf der einen und unten, direkt am Wadi, die maurischen Häuser auf der anderen Seite. Hier hat sich Isabelle Eberhardt einquartiert, eine junge Französin, gebürtige Schweizerin, die erst wenige Tage zuvor malariakrank von einer geheimen Mission zurückgekehrt ist.

Unter dem Männernamen Si Mahmoud Saadi und in malerischen Gewändern des Orients, mit Fez und Umhang mit Kapuze, reitet sie durch Wüstentäler und Oasen, lebt in Moslemklöstern oder Nomadenzelten. Monatelang hat sie sich bei aufständischen Beduinen aufgehalten und ist in Regionen vorgedrungen, in die sich noch kein Europäer vorgewagt hat. Sie verliebt sich in Slimène Ehnni, einen jungen algerischen Leutnant in französischen Diensten, den sie später heiratet, und wird Mitglied einer islamischen Geheimbruderschaft, die noch nie einen Europäer, erst recht keine Frau, in ihren Reihen geduldet hat. Dass Isabelle diese einzigartige Ehre zuteilwird, verdankt sie ihren fundierten Kenntnissen des Korans, ihrer arabischen Lebensweise und ihren perfekten Sprachkenntnissen.

Schon als Teenager fasziniert sie die Religion und Kultur Arabiens. Befeuert wird diese Leidenschaft durch eine Brieffreundschaft mit einem Beamten der Kolonialbehörde, der ihr Interesse an der Sahara und der arabischen Lebensart weckt. Nachdem sich ihr Lieblingsbruder Augustin freiwillig zur Fremdenlegion meldet, hält auch Isabelle nichts mehr in Europa. Im Mai 1897 schifft sich die 20-Jährige von Marseille nach Algerien ein und entdeckt dort die Landschaft ihrer Träume, die nordafrikanische Wüste und die Nomaden des Maghreb.

Über die Familie Isabelle Eberhardts ist nicht viel bekannt. Sie wurde am 17. Februar 1877 als fünftes Kind einer adligen russischen Generalswitwe in Meyrin am Genfer See geboren. Die anarchistische Familie war aus dem zaristischen Russland in die Schweiz geflohen. Die Kinder werden zu Hause von einem Hauslehrer in alten und neuen Sprachen, in Geographie, Geschichte und wissenschaftlichem Atheismus unterrichtet. Mit zwölf spricht Isabelle bereits fließend Russisch, Französisch, Italienisch, Latein und Altgriechisch. Später beginnt sie mit dem Studium des Arabischen.

Dass Isabelle Eberhardt alias Si Mahmoud Saadi eine Agentin war, ist nicht bewiesen. Allerdings hatte sie für die Marquise de Morès, Witwe eines französischen Pressemagnaten, in der Terrorszene Algeriens recherchiert. Der Mann der Marquise war einem mysteriösen Meuchelmord zum Opfer gefallen. Isabelle sollte den Hintergrund des Verbrechens klären. Sehr zum Ärger des französischen »Bureau Arabe« dringt sie im Juli 1900 weit in die Sahara vor, um nach den Mördern des Pressezaren zu suchen. Dieser hatte einige Jahre zuvor die antisemitische Hetzkampagne gegen den französischen Offizier Alfred Dreyfus mitgesteuert. Doch die Spuren verlieren sich buchstäblich im Sand; als die Zahlungen der Marquise ausbleiben, stellt sie die Suche ein.

In den französischen Besitzungen im nordafrikanischen Maghreb gab es immer wieder Aufstände. Hubert Lyautey, der spätere Militärgouverneur des Protektorates Französisch-Marokko, schätzt Isabelle und ihre Reit- und Schießkünste, vor allem aber ihre Fähigkeit, als Si Mahmoud Saadi in die Rolle eines Mannes zu schlüpfen. Wo sie im Auftrag von Lyautey war, ist nicht bekannt, doch als sie Ende Oktober in Ain-Sefra ankommt, wird sie vom Fieber geschüttelt.

Vielleicht hält sie das herannahende Grollen am Morgen des 21. Oktober 1904 für eine Sinnestäuschung. In Wirklichkeit donnert mit rasender Geschwindigkeit eine zwei Meter hohe lehmgelbe Wasserwand auf das Dorf zu, die Baumstämme, Tierkadaver und Geröllbrocken vor sich herschiebt. In wenigen Minuten füllt sich das Wadi, und die maurischen Lehmhäuser versinken in den Wassermassen. Als am Nachmittag die Flut zurückgegangen ist, erreichen Suchtrupps das völlig zerstörte Haus von Isabelle Eberhardt. Mehrere Tage lang durchkämmen Lyauteys Legionäre die schlammverkrusteten Trümmerhaufen in Ain-Sefra, bis ihr Leichnam gefunden wird. Isabelle Eberhardt, die viel lieber ein Mann sein wollte, ist im Alter von 27 Jahren mitten in der Wüste ertrunken!

Gorch Fock – Roman seines Lebens

Vom Segelschulschiff der Bundesmarine »Gorch Fock«, der stolzen Botschafterin Deutschlands auf den Weltmeeren, hat fast jeder schon gehört. Von 1963 bis zur Einführung des Euros konnten auch alle Landratten den berühmten Windjammer mit seinen geblähten Segeln auf der Rückseite des Zehn-Mark-Scheins bewundern. Den Namenspatron des Dreimasters hingegen, den Schriftsteller Gorch Fock, kennt heute fast keiner mehr.

Unter dem Pseudonym Gorch Fock hatte Johann Kinau, der Sohn eines Fischers aus Finkenwerder, zu Beginn des 20. Jahrhunderts begonnen, Gedichte und Erzählungen auf Plattdeutsch zu veröffentlichen. Mit der Namenswahl bezieht er sich auf seine Vorfahren, wobei Gorch eine mundartliche Abwandlung von Georg ist. Die Fischerei hat in der Familie Tradition, auch Johanns Sehnsucht gilt dem Meer, dem Wind und den Wellen. Sein Vater hält aber nichts von diesen Träumen. Seiner Meinung nach taugt sein schwächlicher Sohn nicht für den rauen Fischereiberuf, außerdem ängstigt sich Mutter Kinau stets vor den Gefahren des Meeres. Also wird beschlossen, dass Johann Kaufmann werden soll. Die ungeliebte Arbeit wird für diesen jedoch erst erträglicher, als er eine Stelle bei der Hamburg-Amerika-Linie bekommt. Tagsüber führt er Auswandererlisten und schreibt Ausfuhr-Erklärungen, nach Feierabend zeichnet er als Gorch Fock Seefahrer- und Fischergeschichten seiner Heimat auf. Im Jahr 1913 veröffentlicht er sein Meisterwerk »Seefahrt ist not!«.

Doch dann beginnt der Erste Weltkrieg, und im April 1915 muss auch Gorch Fock einrücken. Zunächst dient er bei der Infanterie, kämpft an der Ost- und der Westfront.

Schließlich, nach vielen Eingaben, gelingt es ihm, zur Marine zu wechseln. 1916 wird er in die Mannschaftsliste des Kreuzers »SMS Wiesbaden« eingetragen, schon kurz darauf gerät er in das Gefecht vor dem Skagerrak, die größte Seeschlacht des Ersten Weltkriegs.

Um seinen Beitrag zur moralischen Mobilmachung zu leisten, hatte er mit martialischen Versen gegen »John Bull«, die nationale Personifikation Englands, gewettert. Aber alle Verwünschungen halfen nichts, vom Artilleriefeuer britischer Schlachtschiffe schwer getroffen, sinkt der kleine Kreuzer Focks am 1. Juni 1916. Wie viele der 650 Matrosen versucht er, sich durch einen Sprung über Bord zu retten, doch im mörderischen Schlachtgetümmel gibt es keine Rettung, niemand sieht den hilflos im Wasser treibenden Seemann, und schließlich versinkt Gorch Fock in den eisigen Fluten des Skagerrak.

Im August 1916 wird eine männliche Leiche an der schwedischen Westküste angespült. Als feststeht, dass es sich bei dem toten Mann in deutscher Marineuniform um Gorch Fock handelt, ist ganz Deutschland elektrisiert. Viele kannten seinen kurz zuvor veröffentlichten Roman »Seefahrt ist not!«, in dem er in einer gespenstischen Vorahnung sein eigenes Schicksal beschrieben hat.

In dem Roman wird das gefährliche Leben der Hochseefischer realistisch und sehr heroisch beschrieben. Erzählt wird von der tiefen Freundschaft zwischen einem Fischer und seinem Sohn. Die Sehnsucht nach dem Meer, der Glaube an alte Fischerei- und Seefahrergeschichten bestimmen den Takt des Lebens, und nichts wünscht sich der Sohn mehr, als bei seinem Vater anzuheuern. Auch als sich die Ängste der Mutter bewahrheiten und der Fischer von einer Fangfahrt nicht zurückkehrt, gibt es keine Alternative. Das Schicksal nimmt seinen Lauf und endet auch für den Sohn auf dem Grund des Meeres. Zum Schluss heißt es: »Noch einmal ließ er sich von einer Wogenriesin emporheben und blickte von ihrem Gipfel wie vom Steven seines Ewers über die See, die er so sehr geliebt hatte, dann gab er auf. Er konnte doch sterben! … dann ging die gewaltige Dünung des Skagerrak über ihn hinweg.«

Die heroische Geschichte vom Meer, vom Heldenkampf mit den Elementen, von mutigen Männern und sorgenden Müttern entsprach genau der durch patriotische Propaganda aufgeheizten Begeisterung in Deutschland, die Kaiser Wilhelm II. mit dem Aufbau seiner gewaltigen Kriegsflotte entfacht hatte. »Seefahrt ist not!«, das war auch der Schlachtruf der Nazis, die das Buch zur Pflichtlektüre an den Schulen machten. 1933 benannte die Reichsmarine zum ersten Mal ein Segelschulschiff nach dem Schriftsteller. Auch die heutige »Gorch Fock«, die 1958 in Dienst gestellt wurde, erinnert an den Schriftsteller, bei dem Leben und Literatur so eng verwoben waren.

Carl Philipp Fohr – Bad im Tiber

»Mon petit Charles«, wird der 1795 in Heidelberg geborene Carl Philipp Fohr von seinem frankophilen Vater gerufen. Zu dessen Leidwesen hat der Sohn überhaupt kein Interesse an Mathematik, Deutsch oder anderen Fächern. Anstatt zu lernen, nutzt Charles, wie er in seiner Kindheit gerufen wird, jeden Augenblick und jeden Fetzen Papier, um zu zeichnen. Schließlich kapituliert der Vater, ein ehemaliger Soldat, der an der Heidelberger Wallonen-Schule unterrichtet, und schickt den Sohn zum Universitätszeichenmeister Friedrich Rottmann in die Lehre.

Als der Landschaftsmaler Georg Wilhelm Issel den 15-jährigen Fohr im Neckartal beim Aquarellieren trifft, erkennt er sofort dessen außergewöhnliches Talent und nimmt ihn zur weiteren Ausbildung mit nach Darmstadt. Er verhilft ihm zu ersten kleinen Aufträgen und macht ihn mit der Großherzogin Wilhelmine von Baden-Durlach bekannt. Die Unterstützung von jährlich 400 Gulden durch die Großherzogin ermöglicht Carl Philipp Fohr 1815 das Studium an der Münchner Akademie. Der akademische Lehrbetrieb, der einen strengen Klassizismus bevorzugt, ist den romantischen Idealen des jungen Carl Philipp jedoch genauso zuwider wie zuvor das Gymnasium. Um einem Rausschmiss vorzubeugen, verlässt er von sich aus die Akademie.

Nach einer ausgedehnten Wanderung, die ihn zeichnend und aquarellierend bis nach Venedig führt, erfüllt sich für Carl Philipp Fohr anschließend sein sehnlichster Wunsch, er fährt nach Rom. Zuvor hat er sich einen Sommer lang in Heidelberg aufgehalten und das Leben im Kreis der »Teutonen«, einem bekannten Studentencorps, genossen. Er teilt deren Begeisterung für das Mittelalter und kleidet sich fortan in die altdeutsche Tracht mit den typischen Details, einem langen, eng anliegenden Rock, einer weitgeschnittenen Hose sowie einem großen samtenen Barett.

In Rom schließt sich Carl Philipp einer Vereinigung deutscher Künstler an. Die Gruppe alteingesessener konservativer Deutschrömer und neudeutscher Nazarener trifft sich bis zu dreimal täglich im Caffè Greco an der Via Condotti, nahe der Piazza di Spagna. In einer Ateliergemeinschaft mit dem wesentlich älteren österreichischen Maler Joseph Anton Koch entstehen Fohrs Werke »Die Wasserfälle von Tivoli« und »Ideale Landschaft bei Rocca Canterana«. Es stellt sich heraus, dass die 400 Gulden der Großherzogin glänzend angelegt sind.

Sie erhält im Übrigen fast die gesamte Fohr'sche Produktion. Regelmäßig werden die Bilder, in Kisten verpackt, von Rom nach Darmstadt transportiert. Das fürstliche Jahresgehalt reicht allerdings nur knapp zum Leben, wie nahezu alle deutschen Künstler in Rom gerät auch Fohr immer wieder in Finanznöte. Um der ständigen finanziellen Verlegenheit Abhilfe zu schaffen, entschließt er sich, die deutsche Künstlerkolonie in einem großen Stich abzubilden und diesen an Reisende und Kunstfreunde zu verkaufen.

Carl Philipp Fohr ist allerdings Landschaftsmaler und weder Historien- noch Genremaler noch Porträtist. Doch er versucht, sein Projekt in die Tat umzusetzen: Zuerst zeichnet er die deutschen Künstler in Rom in ihrem Stammlokal Caffè Greco, in der Mitte steht er selbst, mitsamt seinem Hund Grimsel, der mit ihm die Alpen überquert hat. Er verwirft dann aber den ersten Entwurf und fasst den Entschluss zu einem anders aufgeteilten Gruppenbild, aber es geht nur langsam voran.

Der römische Sommer ist anstrengend, vor allem nach den langen Abenden im Greco sucht Fohr Ruhe in seinem schattigen Zimmer im Palazzo Zuccari, oder er entspannt sich bei kleinen Ausflügen ins Umland. Das Schönste für ihn ist jedoch ein Bad in den Fluten des Tiber.

Die Auen zwischen Porto di Ripetta und Ponte Molle lassen die Römer die Sommerhitze vergessen. Carl Philipp Fohr lässt sich deshalb am 29. Juni 1818 von seinen Freunden sehr gerne zu einem Picknick am Flussufer überreden. Der hübsche junge, fast mädchenhaft zarte Maler läuft wie ein kleiner Bub mit ausgebreiteten Armen in den wilden Fluss, um Kühlung zu finden. Entsetzt erkennen die Freunde die Gefahr: »Vorsicht, mon petit Charles!«, hört Carl Philipp sie vielleicht noch rufen, doch da reißt ihm der Fluss schon die Beine weg, Wasser füllt seine Lungen. Der einzige Schwimmer der Gruppe versucht noch, ihn zu ergreifen und über Wasser zu halten, muss ihn aber bald erschöpft loslassen.

Erst vier Tage später wird der Leichnam des 22-jährigen Malers gefunden.

Robert Maxwell – Mann über Bord

Noch Jahrzehnte, nachdem der Medienzar Robert Maxwell von seiner Luxus-Yacht in sein nasses Grab stürzte, wird über die Todesumstände gerätselt. Darüber, was in der Nacht im Mai 1991 an Bord der »Lady Ghislaine« passiert ist, kursieren die wildesten Spekulationen. Einige glauben, dass der 68-jährige Verleger, vielleicht nach einem Drink zu viel, einfach ins Meer plumpste. Andere vermuten, dass Maxwell wegen finanzieller Unregelmäßigkeiten in Millionenhöhe Selbstmord begangen habe – und schließlich gibt es noch die Geschichte von der Ermordung durch den israelischen Geheimdienst Mossad.

Maxwell stammt aus einfachen Verhältnissen. Der oft ausgehungerte Junge bekommt erst mit acht Jahren seine ersten Schuhe und muss mit zehn die Schule verlassen, um für die Familie Geld zu verdienen. Geboren wird er am 10. Juni

1923 in der damaligen Tschechoslowakei, heute Karpato-Ukraine. Der meist arbeitslose Vater nennt ihn »Labji«, doch im Dörfchen Slatinské Doly schreibt der tschechische Beamte »Jan Ludvik Hoch« in das Geburtsregister.

Der jüdische Teenager flieht 1940 vor den Nazis nach England, wo er sich einer tschechoslowakischen Widerstandsgruppe anschließt; später nimmt er als Mitglied der britischen Armee, nun unter dem Namen Robert Maxwell, an der Landung der Alliierten in der Normandie teil.

Nach dem Krieg ist Army Captain Maxwell, der fließend Deutsch spricht, in Berlin für die Vergabe von Verlagslizenzen verantwortlich. Als er wieder in England ist, gründet er 1949 die Pergamon Press in Oxford. Auf dem Gipfel seiner Karriere erreicht sein verschachteltes Unternehmen einen jährlichen Umsatz von sechs Milliarden Pfund. Sein Erfolg weckt den Neid der Konkurrenz, und letztlich besiegelt die Rivalität mit dem australischen Verleger Murdoch sein berufliches und finanzielles Schicksal.

Seinen Reichtum stellt Maxwell sehr gerne zur Schau, was ihm zwar den Zugang zur feinen englischen Gesellschaft versperrt, ihm dafür aber die besten Beziehungen zu den Schaltstellen der Macht verschafft. Er trifft US-Präsident Ronald Reagan und Kreml-Chef Michail Gorbatschow, er spricht mit François Mitterrand in Paris, Helmut Kohl in Bonn sowie mit der Queen und den britischen Regierungschefs.

Politisch ist Maxwell eher wankelmütig. Einige Jahre sitzt er als Labour-Abgeordneter im Unterhaus, später bewundert er Margaret Thatcher für ihre Anti-Gewerkschaftsgesetze. Seine in Israel erscheinenden Zeitungen sind streng konservativ, während er in Deutschland die Autobiographie des DDR-Staatsratsvorsitzenden Erich Honecker verlegt.

Nach dem Fall des Eisernen Vorhangs wird bekannt, dass Maxwell Superspion für den Mossad war. Als sein Imperium bröckelt, verlangt er für seine Dienste umgehend 400 Millionen englische Pfund. Der Versuch, den Mossad zu erpressen, ist aber möglicherweise keine gute Idee …

Keiner weiß genau, was in der Nacht des 4. November 1991 passiert ist. Tatsache ist, dass Maxwell mit seiner »Lady Ghislaine«, damals eine der größten Yachten, vor den Kanarischen Inseln kreuzte. Ob der Mossad tatsächlich die Kommunikationssysteme an Bord blockiert hat, bevor kurz nach Mitternacht ein Todeskommando das Schiff enterte, den Medien-Tycoon mittels Nervengift tötete und im Meer versenkte, bleibt Spekulation. Als seine nackte Leiche am Morgen des 5. November aus dem kalten Atlantik gefischt wird, kann keiner genau sagen, ob es ein Selbstmord, ein Unfall, ein Herzanfall oder ob es Mord war.

Robert Maxwell starb so, wie er gelebt hatte: geheimnisvoll.

Tita Piaz – Bad im Brunnentrog

Der Bergsteiger und -führer Giovanni Battista Piaz, der sich selbst Tita nennt, ist gegen Ende des 19. Jahrhunderts einer der Stars am Kletterhimmel. Sein Wagemut bringt ihm den Namen »Teufel der Dolomiten« ein – und stets an seiner Seite bei seinen tollkühnen Touren ist sein Hund, den er »Satan« nennt. Tita Piaz wird am 13. Oktober 1879 in Pera di Fassa im Trentino geboren. Seine Familie gehört der italienischen Minderheit der in Südtirol beheimateten Ladiner an. Erste Kletterversuche unternimmt er an einem 15 Meter hohen Felsbrocken neben seinem Elternhaus. Als Tita im Alter von 18 Jahren den Aufstieg zur Rosengartenspitze schafft, macht ihn das so glücklich, dass er beschließt, Bergführer zu werden. Für die erforderliche Ausbildung fehlt ihm allerdings das Geld; sehr zum Ärger der »echten« Bergführer arbeitet er dennoch in diesem Beruf und muss deswegen wiederholt Strafe zahlen. Piaz ist unangepasst, ein Querdenker, ein Gerechtigkeitsfanatiker und aufopfernd in seinem sozialen Engagement.

Als er zu klettern beginnt, hat er von Technik keine Ahnung, die steilen Wände erklimmt er »nach Art der Schlangen«, eine Klettertechnik, die er später »als wahnsinniges Vorgehen« bezeichnet. Wütend stöhnt und strampelt er, wenn es ihm nicht gelingt, eine Kletterstelle zu überwinden. Zu seinen bergsteigerischen Höchstleistungen gehören 50 Erstbegehungen, manchmal mit sehr skurrilen Hilfsmitteln, wie etwa bei der »Erstbesteigung« der filigranen Dolomitennadel Guglia Edmondo de Amicis mit Hilfe eines Wurfankers. Heute erinnert der schwierig zu steigende »Piazriss« an das Ausnahmetalent, den der »Teufel der Dolomiten« im Jahr 1900 »free solo und on sight« geschafft hat; der Aufstieg sollte indes von Nachahmern nicht allein versucht werden, obwohl es dort inzwischen Haken, Schlingen und Klemmkeile gibt.

Piaz bezwingt jedoch nicht nur die Berge, er bekämpft alle Unterdrücker seiner Heimat, egal, ob sie einer Monarchie, den Faschisten oder den Nationalsozialisten angehören. Das bringt ihm durch die jeweils Herrschenden viel Ärger ein. 1944 wird er wegen Hochverrats zum Tode verurteilt. Monatelang wartet er auf seine Hinrichtung, zum Glück bewahrt ihn dann das Ende des Krieges vor der Vollstreckung.

Nach dem Krieg wird er in seinem Heimatort Pera zum Bürgermeister gewählt und kümmert sich um die Armen in seinem Tal.

Am 5. August 1948 fährt Piaz mit dem Fahrrad zum Pfarrer von Pera, dem er einen beträchtlichen Geldbetrag für eine bedürftige Familie übergeben will. Auf einer abschüssigen Straße versagen plötzlich die Bremsen, Tita Piaz verliert die Herrschaft über sein Fahrrad, er stürzt in das offene Brunnenbecken am Rand der Dorfstraße – und ertrinkt. Alarmiert vom Lärm eilen die Anwohner sofort zur Unfallstelle, um erste Hilfe zu leisten, doch weder sie noch die Ärzte im Bozener Krankenhaus können den Verunglückten retten. Der »Teufel der Dolomiten« und Pionier des Extrembergsports stirbt am 6. August 1948 nicht etwa bei einer seiner halsbrecherischen Klettertouren, sondern er ertrinkt bei einer läppischen Botenfahrt.

Natalie Wood – Verhängnisvolle Reise

Am 29. November 1981 um ein Uhr nachts sendet die Jacht »Splendour« einen Notruf. Robert Wagner, Eigner der Jacht, meldet »Mann über Bord!«: Seine Frau, der berühmte Hollywoodstar Natalie Wood, ist verschwunden. Kapitän Dennis Davern und Wagner haben das 18 Meter lange Schiff durchsucht, aber Natalie ist nicht zu finden. Als sie bemerken, dass auch das Beiboot fehlt, informieren sie sofort die Küstenwache, eine großangelegte Suchaktion beginnt. Keiner kann sich erklären, warum Natalie Wood die Jacht mitten in dieser kalten, stockfinsteren Nacht verlassen haben soll. Ihre panische Angst vor den unheimlichen Tiefen des Ozeans indes ist kein Geheimnis.

Am Morgen, sechs Stunden später, findet man Natalie Woods Leiche. Fast zwei Kilometer vom Schiff entfernt treibt der leblose Körper, mit dem Gesicht nach unten, im Wasser. Sie hat ein Nachthemd an, eine rote Daunenjacke und Wollsocken. Das Beiboot dümpelt an der nahen felsigen Küste, der Zündschlüssel steckt in der Position »off«.

Je mehr Einzelheiten bekannt werden, desto mehr Fragen stellen sich. Wood hatte ihren Filmpartner Christopher Walken eingeladen, an Bord der »Splendour« das Thanksgiving-Wochenende zu verbringen. Walken hatte 1971 für seine Darstellung in Michael Ciminos »Die durch die Hölle gehen« einen Oscar als bester Nebendarsteller erhalten. Natalies Schwärmerei für den berühmten Kollegen war ebenfalls kein Geheimnis.

Ziel des Jachtausflugs war die 35 Kilometer vor der kalifornischen Küste liegende Insel Catalina, ein beliebtes Segelrevier. Weil im Hafen der nicht allzu großen Inselhauptstadt kein Platz war, ankerte man in einer kleinen Bucht. Für den Abend war ein Tisch im Doug's Harbor Reef, dem einzigen Restaurant in der Bucht, reserviert worden. Später erinnern sich die Angestellten, dass das Ehepaar Wagner, Chris Walken und Kapitän Dennis Davern ziemlich viel getrunken hätten, und auch, dass Natalie Wood den Gast mit ihren großen Kulleraugen angeflirtet habe. Gegen zehn Uhr kehrt die Gruppe mit dem Beiboot zurück zur Jacht. Was an Bord dann genau passiert ist, bleibt Spekulation. Ein schrecklicher Unfall, betont Robert Wagner immer wieder, eine Einschätzung, die auch die Ermittlungsbehörden teilen.

Der Fall elektrisiert die Öffentlichkeit, jeder liebte Natalie Wood, das Teenie-Idol aus »… denn sie wissen nicht, was sie tun« mit James Dean, oder die unglücklich liebende Maria aus der »West Side Story«. Außerdem waren die Affären des Ehepaars Wood-Wagner für die Boulevardblätter eine nie versiegende Quelle gewesen. Nach der Tragödie liefert Kapitän Davern bereitwillig intimste Details der Unglücksnacht.

18 Jahre nach dem Tod Natalie Woods wandelt sich die Einschätzung vom einfachen Unfall zu der Überzeugung, dass ein todbringender Sturz ins Wasser der Schlussakt in einem zwei Tage andauernden gnadenlosen Eifersuchtsdrama gewesen sei. Quelle für diese Erkenntnis sind bisher unveröffentlichte Polizeiakten sowie die erneute Befragung von Dennis Davern.

Die Rekonstruktion der Tragödie ergibt nun, dass Natalie Wood mit ihrem Kollegen Christopher Walken tatsächlich eine Affäre hatte, was zwischen den alkoholisierten Ehepartnern zu lautstarken, wütenden Auseinandersetzungen führte. Walken, der sich nicht einmischen will, schweigt und verschwindet in seiner Kabine. Ohrenzeuge der Auseinandersetzung ist nur Kapitän Davern. Irgendwann hört er, wie sich die Stimmen auf das Heck zubewegen, irgendjemand macht sich am Beiboot zu schaffen, eine Leine plumpst auf das Deck – danach, so der Kapitän, habe absolute Stille geherrscht.

Etwas später erscheint Wagner, alleine, zerzaust und verschwitzt, auf der Brücke, um mit Kapitän Davern eine weitere Flasche Wein zu trinken. Stunden später geht er in seine Kabine, um nachzusehen, ob mit seiner Frau alles in Ordnung ist. Als er feststellt, dass sie nicht da ist, sucht er auf dem ganzen Schiff nach ihr, doch Natalie ist nicht zu finden. Offenbar hatte die stark erregte und betrunkene Natalie Wood versucht, mit dem Beiboot das Schiff zu verlassen, um sich vor den rivalisierenden alkoholisierten Männern in Sicherheit zu bringen. Die Wogen des nächtlichen Pazifiks hoben und senkten sich, das Beiboot knallte an die Bordwand, Natalie stürzte und ertrank im Meer. Zu dieser gespenstischen Version von Natalies Tod haben sich indes weder Robert Wagner noch Christopher Walken je geäußert.

6.
Gefahren der Schwerkraft

Charles-Valentin Alkan – Die Wucht der Bücher

Die Superstars der Musikszene des 19. Jahrhunderts heißen: Franz Liszt, Frédéric Chopin und Charles-Valentin Alkan, alle drei attraktiv, schillernd und ehrgeizig. Das außergewöhnliche musikalische Talent wird bei allen schon früh entdeckt. Zum Entzücken des Pariser Publikums zeigen die kleinen, fingerfertigen Wunderkinder ihr Können am Klavier. Paris ist die Metropole der Virtuosen, und in den Salons will das Publikum die Besessenheit, das Feuer, die Hingabe und die Leidenschaft hautnah erleben.

Bis heute gehören Frédéric Chopin und Franz Liszt zu den populärsten Vertretern der klassischen Musik. Doch wer war Charles-Valentin Alkan? Auf diese Frage können oft nicht einmal Kenner der Klassik-Szene antworten. Bereits bei der Nachricht von seinem Tod im Jahre 1888 registrierten seine Zeitgenossen überrascht, dass man den Tastenstar offenbar schon zu seinen Lebzeiten vergessen hatte.

Die Familie des Musiklehrers Alkan Morhange lebt seit Generationen im Marais, dem jüdischen Viertel von Paris. Wie seine vier Brüder wählt auch Charles-Valentin den Vornamen des Vaters als Nachnamen. Musikalität liegt wohl in den Genen der Familie, denn jeder der Brüder ist als Musiker mehr oder weniger erfolgreich. Charles-Valentin ist eines dieser Wunderkinder, das 1818, mit gerade mal fünf Jahren, am Pariser Konservatorium zum Studium von Klavier und Orgel aufgenommen wird. Schon bald wird er mit Preisen überschüttet, und nach einem sechsjährigen Studium feiert er als Pianist sein Konzertdebüt.

Der kleine Charles-Valentin begeistert das Pariser Publikum. Einige aristokratische Gönner, besonders der russische Freundeskreis um die Prinzessin de la Moskova fördern den talentierten Knaben.

Nach dem Ende seines Studiums am Konservatorium beginnt Alkan eigene Werke zu komponieren, wobei er den romantischen Klavierstil steigert und durch aberwitzige Virtuosität dramatisiert. Die »Performance« seiner Stücke entfacht beim Publikum enthusiastische Beifallsstürme. Für seine Fans ist er die Nummer eins. Doch dem Musiker gefällt der ganze Trubel überhaupt nicht, und im Mai 1849 verschwindet Alkan komplett von der Bildfläche.

Der bewunderte Künstler hat es trotz seiner grandiosen Erfolge satt, sein Talent zur Schau zu stellen. Abgeschirmt von einer wachsamen Concierge, zelebriert er in seinem Pariser Appartement ein exzentrisches Junggesellen-Dasein. Für die Außenwelt wird er sozusagen zum Phantom, seine Kompositionen werden immer seltsamer und monströser. Seine Etüden sollen keine artistischen Fingerübungen sein, sondern die orchestralen Möglichkeiten des Klaviers entfalten, so dass ein Satz von halbstündiger Dauer schon mal 72 Partiturseiten füllen kann.

Neben der Arbeit an seinen Klavierwerken beschäftigen Alkan die Schriften und Auslegungen des Talmuds, außerdem arbeitet er an der schwierigen Übertragung alter religiöser Texte aus dem Syrischen.

Fast 40 Jahre bleibt Charles-Valentin Alkan für die Öffentlichkeit unsichtbar – und allein. Möglicherweise hat der schon etwas gebrechliche ältere Herr eines Tages dann versucht, ein Buch aus seinem Bücherregal zu ziehen, als dieses umstürzt und ihn unter sich begräbt. Jede Hilfe kommt zu spät, Alkan stirbt am Abend des 29. März 1888. Anlässlich seines Todes veröffentlicht die Musikzeitschrift *Le Ménestrel* einen Nachruf mit den Worten: »Wenn man nicht von seinem Tod erfahren hätte – man hätte nicht gewusst, dass er überhaupt gelebt hat.«

Oliver Cromwell – Kopflos

Uralte Gemäuer, dunkle Gänge, enge Treppen, knarrende Dielen, in kaum einem anderen Land spukt es so viel wie in England. Ein Hotspot für jeden Geisterjäger ist das Sidney Sussex College in Cambridge, denn hier spukt der ehemalige Lordprotektor von England, Sir Oliver Cromwell, höchstpersönlich. Er hat vor langer Zeit seinen Kopf verloren, nun sucht sein kopfloser Körper seinen körperlosen Kopf, der wachsbleich durch die langen Gänge des Colleges schwebt …

Die gruseligen Auftritte des berühmten englischen Lordprotektors haben mit seiner Vergangenheit zu tun. Oliver Cromwell wird am 25. April 1599 in Huntingdon geboren. Seine Familie gehörte zum wohlhabenden britischen Landadel. Nach seinem Studium wird er Abgeordneter im Unterhaus. Seine politische Karriere beginnt 1642 mit einer blutigen Auseinandersetzung zwischen dem König, dem absolutistischen Charles I., und dem Parlament, angeführt von Oliver

Cromwell. Cromwell gewinnt, der König wird wegen Hochverrats in einem Schauprozess zum Tode verurteilt. Charles I. hat dann königlich gemessenen Schrittes das Schafott bestiegen – kurz darauf fiel das gesalbte Haupt samt Krone. Cromwell war am Ziel, die Monarchie abgeschafft, England wurde Republik und er selbst als Lordprotektor ihr Lenker und Vordenker.

Oliver Cromwell ist ein puritanischer Gotteskrieger, der im Namen Gottes die Engländer als auserwähltes Volk ins gelobte Land führen will. Der Weg dorthin ist steinig, denn Cromwells Gott ist streng. Sündhaftes Treiben muss dem Volk ausgetrieben werden, dazu gehört so ziemlich alles, was Vergnügen bereitet. Theater und Gasthäuser werden geschlossen, Tanzen, Jagen, Würfel- und Kartenspiel verboten, sonntags müssen alle zu Hause bleiben, weder Weihnachten noch Ostern wird gefeiert.

Als das Parlament nach Meinung des Lordprotektors nicht den rechten Glauben hat, löst er es kurzerhand auf und installiert stattdessen sein Parlament der Heiligen. Ganz England wird unter Cromwell fromm, jedoch ziemlich freudlos. Immerhin herrscht Frieden, allein die katholischen und royalistischen Iren ärgern Cromwell, und tatsächlich kostet der Feldzug gegen Irland den Lordprotektor das Leben: Er infiziert sich mit Malaria, die damals auch in diesen Breiten vorkam, und stirbt.

Sein Begräbnis ist ein teures Spektakel. Mit monarchischem Pomp wird der einbalsamierte Körper in der Westminster Abbey beigesetzt. Allerdings bleibt er da nicht, denn schon bald besteigt Charles II. den Thron. Der neue König nimmt bittere Rache für seinen von Cromwell geköpften Vater. Cromwells Leiche wird 1658 aus Westminster

Abbey geholt und zur allgemeinen Belustigung und Abschreckung zunächst an den Galgen gehängt, dann schlagen ihm die Henker den Kopf ab. Der Rumpf wird gevierteilt und in eine Grube geworfen. Weil Cromwells »Kopf« es war, der damals die Hinrichtung von Charles I. »befohlen« hat, wird er in Teer getaucht, auf einer sechs Meter hohen Stange aufgespießt und über Westminster Hall zur Schau gestellt. Mitten in London warnte die unheimliche menschliche Wetterfahne alle, die noch republikanische Träume hatten. Im Jahr 1681, nach 23 Jahren, fällt Cromwells Schädel während eines Sturms schließlich von der Stange.

Als bemerkt wird, dass der Kopf verschwunden ist, gibt es einen riesigen Aufschrei, dennoch bleibt der Schädel weitere 25 Jahre verschwunden. Angeblich ruhte er zuerst im Haus eines Wachmanns, der ihn gefunden hatte und ihn wie eine Reliquie verehrte. Nach dessen Tod wechselt der inzwischen ziemlich ramponierte Schädel mehrfach den Besitzer, bis 1841 Josiah Wilkinson Cromwells Schädel erwirbt. Verborgen vor der Öffentlichkeit soll er im Familienbesitz bleiben. Bei einer wissenschaftlich genauen Prüfung des Kopfes wird 1934 die Authentizität bestätigt.

Aus Gründen der Pietät entschließt sich Familie Wilkinson aber am Ende doch, dem Kopf eine angemessene letzte Ruhestätte zu gewähren. In der Kapelle des Sidney Sussex College, wo Cromwell einst studierte, wird der Kopf am 25. März 1960 eingemauert. An diesem geheimen Ort hätte Oliver Cromwell eigentlich in Frieden ruhen können, aber dass er wirklich Ruhe gefunden hat, bezweifeln zumindest die Mitglieder des Cambridge Ghost Club.

David-Christopher Haubenstock – Stich in Romy Schneiders Herz

Vater, Mutter, Kind – scheinbar eine ganz normale junge Familie, die im Park spazieren geht. Durchschnittsbürger sind diese drei allerdings nicht, denn es handelt sich um Romy Schneider, Harry Meyen und ihren am 3. Dezember 1966 geborenen Sohn David-Christopher. Als Meyen sich als Regisseur nicht wirklich durchsetzen kann, beginnt Romy wieder zu filmen. David, den sie sich so sehr gewünscht hat, begleitet die Mutter an das jeweilige Filmset, auch wenn sie während der Dreharbeiten wenig Zeit für ihren Sohn hat.

Doch die kleine Idylle des Ehepaars Haubenstock, so der gemeinsame Name im Pass, ist nicht von Dauer. Obwohl sich Romy vorgenommen hat, ihrem Sohn die selbst schmerzlich vermisste Nestwärme zu geben, trennt sie sich zwei Jahre nach der Geburt Davids von Harry Meyen. Der Junge muss ohne Vater aufwachsen, doch da ist noch der Privatsekretär seiner Mutter, Daniel Biasini. Er ist für die Organisation des Privatlebens der inzwischen vielbeschäftigten Schauspielerin zuständig, und weil er immer präsent ist, wird er für David zum »Ersatzvater«.

Das größte Glück für ihn sind jedoch Biasinis Eltern. Es ist Liebe auf beiden Seiten. Wie richtige Großeltern vergöttern sie »ihren Enkel« und erfüllen ihm jeden Wunsch. Als Romy und Daniel Biasini später heiraten, scheint das Glück perfekt zu sein, aber Romy lässt sich kurz darauf wieder scheiden. Für David bleibt Daniel Biasini indes eine wichtige Bezugsperson, und bei dessen Eltern findet er weiterhin die ersehnte Geborgenheit.

Wie jedes Jahr verbringt David auch 1981 die Sommerferien bei seinen »Großeltern«, den Biasinis, in deren Haus in Saint-Germain-en-Laye, in der Nähe von Paris. Der große Garten des Hauses ist von einer hohen Mauer umgeben, an der Vorderseite jedoch wird das Anwesen von einem Zaun und einem Tor aus Schmiedeeisen begrenzt. David ist inzwischen vierzehn Jahre alt. Als er am Nachmittag des 5. Juli nach Hause kommt, ist das zwei Meter hohe Tor verschlossen. Kein Problem für einen abenteuerlustigen Jungen, entschlossen klettert er hinauf, um über das Gitter zu springen. Er hat das Hindernis fast schon überwunden, als er offenbar ohne jede Möglichkeit, den Sturz zu verhindern, auf die Metallspitzen des gusseisernen Zaunes fällt und förmlich aufgespießt wird. Mit durchbohrtem Unterleib wird David ins Centre Hospitalier gebracht, dort stirbt er noch am selben Abend an den Folgen seiner schweren Verletzungen.

Ein Jahr später stirbt auch Romy Schneider, wie viele glauben, an gebrochenem Herzen.

Ödön von Horváth – Unheil von oben

In Ödön von Horváths Stücken geht es um die nackte Existenz, einfache Mädchen, Wiesenbräute, kleine Angestellte, unglückliche Töchter aus prekären Verhältnissen. Sie verkaufen für ein paar Mark ein bisschen Liebe oder verhökern noch zu Lebzeiten dem Pathologischen Institut ihre Leiche. Den Absturzgefährdeten und den Abgestürzten gilt sein ganzes Mitgefühl. Ihn fasziniert das Abgründige, Einfache, eher Verborgene und Missbrauchte mehr als die glatte Oberfläche eines großbürgerlichen Lebens.

Ödön wird 1901 in Fiume, dem heutigen Rijeka, geboren. Der Untergang des »k. u. k.«-Reiches nach dem Ersten Weltkrieg macht den ungarischen Diplomatensohn über Nacht heimatlos. Seine Eltern sind wohlhabend, der Vater wird vom ungarischen Staat als Handelsattaché nach Bayern geschickt, die Familie lässt sich in Murnau nieder. Obwohl Ödön ungarischer Staatsbürger ist und auch einen Teil seiner Schulzeit in Budapest verbracht hat, ist ihm das neu gegründete Ungarn fremd. Er zählt sich zum deutschen Kulturkreis, seine Muttersprache ist Deutsch, er liebt Stammtischgespräche, geht in Lederhosen aufs Oktoberfest. Die Murnauer Mädels finden den charmanten jungen Mann recht fesch.

Horváth ist ein aufmerksamer Chronist seiner Zeit. In seinen Stücken zeichnet der Schriftsteller jene Banalitäten nach, die letztlich in den Nationalsozialismus münden. Er selbst ist nicht parteipolitisch orientiert, liebäugelt aber mit den unabhängigen Sozialisten, einer Bewegung, die sich klar von der KPD, aber auch von den Sozialdemokraten abgrenzt. Als Hitler tatsächlich an die Macht kommt, vollzieht Horváth eine seltsame Wende. Im Gegensatz zu seinen Schriftstellerkollegen Bert Brecht und Oskar Maria Graf liebäugelt er mit dem neuen System. Trotz seiner Unterwerfung unter das faschistische System hat er als ungarischer Schriftsteller im neuen Deutschland jedoch keine Chance. Nach der Verkündung der Nürnberger Rassengesetze macht Horváth deshalb wieder eine Kehrtwende. 1937 und 1938 werden zwei regimekritische Romane von ihm veröffentlicht: »Jugend ohne Gott«, ein Resümee des amoralischen Zeitgeistes der Nazijugend, sowie »Ein Kind unserer Zeit«, die Geschichte eines faschistischen Soldaten, der seinen Glauben an die Nazis verliert.

Horváth sieht indes nicht nur die reale Welt, er glaubt

auch fest an übersinnliche Kräfte. Gerne gruselt er sich angesichts seltsamer Heimsuchungen, Wahrträume und Vorahnungen, von Spuk, Zahlenmystik oder Orakel. Alles Okkulte interessiert ihn brennend, er ist extrem abergläubisch. So fürchtet er sich vor Autos, glaubt, irgendwann falle irgendetwas von oben auf ihn herab, sogar Straßen empfindet er als bedrohlich. Einen Termin mit seinem Exilverleger in Amsterdam nutzt er, um dort einen renommierten Wahrsager aufzusuchen. Zum Glück weissagt das Orakel keine akut drohenden Gefahren. Im Gegenteil, der Rat des Hellsehers, nach Paris zu fahren, passt perfekt zu seinem eigenen Plan. Denn Paris ist tatsächlich sein nächstes Reiseziel, dort, so wurde ihm prophezeit, werde »das größte Erlebnis seines Lebens« auf ihn warten. Horváth hofft also, dass sein geplantes Gespräch mit Regisseur Robert Siodmak, der sein Buch »Jugend ohne Gott« verfilmen will, erfolgreich sein wird.

Am 1. Juni 1938 findet das Treffen statt. Metro und Bus sind für den übervorsichtigen Horváth tabu. Aus Furcht, der Aufzug könnte abstürzen, geht er die sieben Stockwerke zu Siodmaks Wohnung zu Fuß. Und wirklich: Der Regisseur wird den Film »Jugend ohne Gott« machen. Für Horváth ist dies tatsächlich ein großes Erlebnis, schließlich ist er der einzige der Pariser Exilanten, der international erfolgreich ist. Nachdem alles besprochen ist, gehen Horváth und Siodmak in die Fünf-Uhr-Vorstellung von Walt Disneys Zeichentrickfilm »Schneewittchen und die sieben Zwerge«. Obwohl sich ein kleines Unwetter ankündigt, genießen sie den Abend noch gemeinsam auf der Terrasse des Cafés Marignan. Bevor es dann zu regnen beginnt, brechen die beiden auf, die Einladung Siodmaks, ihn nach Hause zu fahren, kann Horváth wegen seiner Auto-Phobie nicht annehmen. Ödön von Horváth macht sich zu Fuß auf den Heimweg. Als der Sturm einsetzt, stellt er sich kurz vor dem Théâtre Marigny unter. Dann überquert er schnell die Avenue des Champs-Élysées. Inzwischen wütet der Sturm mit voller Wucht in der Stadt, überall kracht und ächzt es.

Am nächsten Tag, dem 2. Juni 1938, meldet der *Figaro*: »Ein Sturm, der gestern Abend über Paris niederging, verursachte mehrere Unglücksfälle. Auf den Champs-Elysées stürzte er eine Platane um. Sieben Personen, die unter ihr standen, konnten sich retten, bis auf einen Ungarn, den sie erschlug ...«

Der Ungar war kein anderer als der Schriftsteller Ödön von Horváth. Das prophezeite »größte Erlebnis seines Lebens« war sein Tod.

7.
Vorsicht im Straßenverkehr

Otl Aicher – Rasenmäher-Unfall

Seine Farbpalette in Pastelltönen für das Erscheinungsbild der Olympischen Spiele in München im Jahr 1972 sowie seine minimalistischen Bildsymbole als Orientierungshilfe machten Otl Aicher weltweit bekannt. Seine Piktogramme sind heute Klassiker der Design-Geschichte. Aicher hatte erkannt, dass Bilder und stilisierte Symbole als Esperanto der Globalisierung schneller und selbstverständlicher funktionieren als Wörter. Die Resultate seiner kreativen Arbeit waren einheitliche Strichstärken und Größen und eine maximale Reduktion der Elemente. Wer eine Darstellung vereinfacht, muss vor allem genau beobachten können. Um die komplizierte Statik auszubalancieren, sind die kreisrunden Köpfe der Sportler bei jeder Disziplin minimal versetzt. So ist der Fußballspieler stark nach rechts geneigt, trägt den Kopf aber auf der linken Schulter, beim Schützen wiederum verschmilzt der Kreis mit dem Gewehr und dem Arm, damit er sicher visiert.

Als weitere Orientierungshilfe und um Wege zu vereinfachen, entwickelt er Farbsysteme, das heißt verschiedenen Farben werden ordnende Funktionen zugeordnet: Blau signalisiert Sport, Grün Presse, Orange Technik, und Silber steht für das Protokoll. Das ist international verständlich, sieht gut aus und versprüht beinahe Flower-Power-Harmonie.

Die Farben Rot und Schwarz durften an den Olympischen Spielen in München nicht teilnehmen, sicher nicht nur aus ästhetischen Gründen, denn Otl Aicher war mit den Geschwistern Scholl eng befreundet. Der gebürtige Ulmer und überzeugte Pazifist hatte sich geweigert, in die Hitlerjugend einzutreten, und wurde wie die Geschwister Hans und Sophie Scholl von der Gestapo verhört. Allerdings wurde er nur kurz verhaftet und dann zum Kriegsdienst gezwungen. Nach dem Krieg hat Otl Aicher Inge Scholl, die große Schwester von Hans und Sophie, geheiratet.

Doch Aicher war mehr als ein genialer Graphiker, er schrieb internationale Design-Geschichte. Mit der nach seinem Wohnort benannten Rotis hat er eine erfolgreiche Schrift entwickelt, er ist Mitbegründer der legendären Hochschule für Gestaltung in Ulm und Berater für Leitlinien großer Unternehmen gewesen. Legendär ist das für die Lufthansa entworfene Erscheinungsbild. Seine Entwicklungsarbeit für das Corporate Design von Braun, ERCO-Leuchten, BMW oder das ZDF spiegeln seine Vorliebe für absolute Reduktion. Er engagierte sich aber auch als Friedenskämpfer und Sitzblockierer gegen atomare Aufrüstung und beeindruckte Architekten mit seinen eigenen Atelierbauten aus Holz.

Im Jahr 1972 zieht das Ehepaar Aicher nach Rotis im Allgäu. Auf dem Gelände einer Mühlenanlage, die urkundlich erstmals im Jahr 1414 erwähnt wird, hat Otl die besagten eigenhändig entworfenen Atelierhäuser gebaut. Die Gruppe der miteinander kontrastierenden alten und neuen Gebäude liegt einsam wie eine Grasinsel in der Voralpen-Landschaft. Es ist friedlich und still dort, nur wenige Autos fahren auf der kleinen Straße, die an Rotis vorbeiführt. Am 26. August 1991 setzt sich Otl Aicher auf seinen Mähtraktor und fährt

mit dem lärmenden Gerät über die Wiesen. Beim Zurück-
setzen auf die kleine Straße übersieht er ein Motorrad. Es
kommt zum Zusammenstoß. Der Motorradfahrer bleibt fast
unverletzt, Otl Aicher jedoch verliert die Kontrolle über den
Traktor und wird so schwer verletzt, dass er am 1. September
stirbt.

Jean Bugatti – Tödliche Testfahrt

Die Produktion von lediglich 8000 Autos und wenige Jahre
reichten aus, um einen Mythos zu begründen. Mehr brauchte
die Autofirma von Ettore Bugatti nicht, um in die Geschichte
einzugehen. Bis heute gelten die PS-starken, immens teuren
Sportwagen als die begehrtesten Autos der Welt.

Angefangen hatte alles im elsässischen Molsheim, wo der
Italiener Ettore Bugatti 1909 sein Automobilwerk gründete.
Schon ab 1910 werden durch zahlreiche Erfolge im Renn-
sport die Bugatti-Automobile zur Legende.

Zum Mythos Bugatti hat aber sicher auch der Tod der berühmten Tänzerin Isadora Duncan beigetragen. Die Duncan wollte sich angeblich einen Bugatti kaufen, obwohl ihr
selbst das Geld dazu fehlte. Es sind eher reiche Gönner wie
der Nähmaschinen-Erbe und ehemalige Lebensgefährte Paris
Singer, die ihre Rechnungen begleichen. Nachdem die Tänzerin einen jungen Mechaniker kennengelernt hat, der Bugattis verkauft, will sie mit ihm eine Probefahrt in einem Bugatti Typ 35 unternehmen. Sie nimmt auf dem Beifahrersitz
des offenen Wagens Platz – und das Unglück seinen Lauf.
Der lässig um den Hals der Diva geschlungene lange Seiden-

schal verfängt sich beim Anfahren in den Speichen des Hinterrades. Die schwere Seide zieht sich zu und erwürgt Isadora Duncan.

Diese Episode ist in der Bugatti-Geschichtsschreibung kein sonderlich geschätztes Thema. Es ist anzunehmen, dass sich der drittjüngste Sohn Bugattis, Gianroberto Maria Carlo, den alle »Jean« nannten, überhaupt nicht für dieses Promi-Drama interessiert hat. Seine Leidenschaft gilt vor allem dem Rennsport. Jean hat sozusagen »Benzin im Blut«. Wann immer möglich, betätigt er sich als Testfahrer, an Rennen nimmt er allerdings nicht teil, das hat ihm sein Vater streng verboten.

Schon mit 23 Jahren entwirft er die legendäre, unglaubliche sechs Meter lange und dennoch äußerst elegante Zweisitzer-Karosserie des Roadster Royale. Auch die Bugatti-Typen 50, 55 und 57 tragen die unverwechselbare Handschrift von Jean Bugatti. Daneben konstruiert er herausragende Motoren und Chassis. Ab 1931 übernimmt Jean immer mehr Aufgaben von seinem Vater, 1936 geht die Leitung der Automobil-Produktion vollständig auf den talentierten Sohn über. Kurz darauf übernimmt dieser auch die Leitung des Bugatti-Rennteams.

Am 11. August 1939 macht Jean, der weiterhin selbst keine Rennen fährt, eine letzte Testfahrt. Er steigt in den Bugatti Type 57 C, das Siegerauto des letzten vor dem Zweiten Weltkrieg gestarteten 24-Stunden-Rennens von Le Mans. Das Fahrzeug soll vor seinem Einsatz beim Grand Prix in La Baule noch einmal überprüft werden. Für seine Testfahrt hat man einen Straßenabschnitt sorgsam abgesperrt und kontrolliert. Keiner konnte mit dem betrunkenen Bauern rechnen, der plötzlich, wie aus dem Nichts, aus einem Feld auftaucht. Jean sieht die Gefahr, doch als er bei einer Geschwindigkeit von über 200 Stundenkilometern ausweichen will, kommt sein Fahrzeug ins Schleudern und prallt gegen einen Baum.

Jean Bugatti stirbt in dem von ihm entwickelten stromlinienförmigen Bugatti – er wird nur 30 Jahre alt.

Albert Camus – Verhängnisvolle Wahl

Ein eigenes Haus auf dem Land irgendwo in Algerien oder im Süden Frankreichs, davon hat Albert Camus schon in seiner Jugend geträumt. Nachdem er 1957 den Nobelpreis für Literatur erhalten hat, kann er diesen Traum verwirklichen. Seit einiger Zeit scheibt der Weltberühmte nun schon in seinem Landhaus in Lourmarin (Département Vaucluse), nicht weit von Avignon, an seinem Roman »Der erste Mensch« – und jetzt will er mit dem Manuskript zu seinem Verleger nach Paris fahren.

Normalerweise lebt er in Lourmarin allein, doch Weihnachten hat ihn seine Frau Francine mit den Zwillingen besucht. Den Jahreswechsel feiert die Familie gemeinsam mit dem gut befreundeten Pariser Ehepaar Michel und Janine Gallimard und deren Tochter Anne, danach reisen seine Frau und die beiden Töchter mit dem Zug ab. Auch Camus hat sich bereits ein Zugticket nach Paris gekauft, er will aber erst ein paar Tage später reisen.

Camus plant, am 4. Januar 1960 von Lourmarin nach Avignon aufzubrechen, um von dort mit der Bahn nach Paris weiterzureisen. Seinen drei Pariser Geliebten hat er mit ziemlich ähnlich klingenden Silvestergrüßen bereits seinen baldigen Besuch angekündigt. Doch die Gallimards überreden ihn dann doch, die Reise mit ihnen gemeinsam im nagelneuen Sportcoupé, einem Facel Vega FV3B, anzutreten. Camus ist eigentlich kein Freund von schnellen Autos, er selbst fährt einen gemütlichen Citroën Traction Avant 11 CV, doch eine Fahrt in dem rasanten Auto scheint so verlockend, dass er nicht lange überlegt, zusagt und sich auf den Beifahrersitz setzt. Janine und Anne Gallimard und ihr Hund Floc quetschen sich auf die enge Rückbank.

Anders als sein berühmter Beifahrer liebt Michel Gallimard, der Neffe von Camus' Verleger, die Geschwindigkeit und fährt dementsprechend rasant ...

Der 4. Januar ist ein grauer und regnerischer Montag. Mit 150 Sachen rast der Facel über die Route nationale Nr. 6, eine ungefähr neun Meter breite Straße, die auf beiden Seiten dicht von Platanen gesäumt ist. Plötzlich kommt der Wagen ins Schleudern, Gallimard verliert die Kontrolle, das Auto prallt nahezu ungebremst gegen eine Platane, wird in die Luft geschleudert und kracht an den nächsten Baum. Camus ist auf der Stelle tot. Gallimard stirbt zehn Tage später. Die Insassen im Fond überleben den Unfall nahezu unverletzt, der Hund wird nie mehr gesehen.

Der genaue Hergang des Unfalls konnte bis heute nicht endgültig geklärt werden; abgesehen von der hohen Geschwindigkeit wird ein geplatzter Reifen als Unfallursache angenommen. Das Manuskript, das Camus im Facel Vega bei sich hat, wird an der Unfallstelle im Schlamm gefunden. Es ist der autobiographische Roman über seine Kindheit und Jugend in Algerien.

Isadora Duncan – Strangulation durch ein Fahrzeug

Dramen über Dramen sind mit dem Namen Isadora Duncan verbunden. Schon ihr expressiver Tanzstil ist Emotion pur. Ohne Korsett, Tutu und Spitzenschuhe bewegt sich die Tänzerin barfuß und in griechisch anmutenden Gewändern zu sinfonischer Musik. Ihr revolutionärer Tanzstil findet in Isadoras Heimat Amerika wenig Beifall, erst als sie mit ihrer Familie nach Europa umsiedelt, wird ihr Talent erkannt. Obwohl (oder gerade weil) sie beim Tanzen nur spärlich bekleidet ist – und oft als unmoralisch verdammt wird –, liegt ihr das Publikum zu Füßen. Einer ihrer Bewunderer ist Paris Singer, der millionenschwere Erbe des amerikanischen Nähmaschinen-Herstellers. Isadora hat mit ihm den Sohn Patrik, aus einer früheren Beziehung mit dem englischen Bühnenbildner Gordon Craig stammt die Tochter Deirdre.

Zu den tragischen Momenten in Duncans Leben gehörte der Unfalltod ihrer beiden Kinder 1913. Der Chauffeur musste in einer Kurve neben einem Fluss bremsen, um ein entgegenkommendes Taxi vorbeizulassen, der Motor starb ab. Der Fahrer stieg aus, um die Anlasserkurbel zu betätigen. Weil er vergessen hatte, den Leerlauf einzulegen, machte das Auto beim Anspringen einen Satz ins Wasser und versank. Jede Rettung kam zu spät, das Kindermädchen und Deirdre ertranken, Patrik starb wenig später im Krankenhaus.

Ein weiterer schwerer Schicksalsschlag für Isadora war der Tod von Sergei Jessenin. Der 17 Jahre jüngere russische Dichter, den die Tänzerin im Jahr 1922 geheiratet hatte, schnitt sich 1925 die Pulsadern auf und erhängte sich zudem an den Heizungsrohren der Zimmerdecke.

Trotz dieser traumatischen Erfahrungen verliert Isadora

Duncan ihren Lebensmut und ihren Humor jedoch nicht. Junge Männer und Kartoffeln nennt sie ihre große Leidenschaft – vielleicht greift sie hin und wieder auch zu Kartoffelschnaps. Jedenfalls hat die zarte Tänzerin im Alter von 50 Jahren sichtbare Figurprobleme. Ihre Auftritte und Choreographien sind immer noch beeindruckend, vielleicht, weil sich nun auch ihre Schicksalsschläge und ihr Leiden darin spiegeln.

Am 14. September 1927 verlässt Isadora ihr Appartement in Nizza, um sich in einer nahegelegenen Bar einige Drinks zu genehmigen. Sie trägt unter anderem eine etwa zwei mal zwei Meter große Seidenstola. Lange Schals, die sie wie eine Schleppe hinter sich hergezogen hat, waren ein Markenzeichen der Tänzerin, vor allem ein roter Schal, den Duncan bei ihren Auftritten zur Musik der Marseillaise trug, war legendär.

Eben diesen langen roten Schal holt sich Isadora nach ihrem kurzen Besuch in der Bar und drapiert ihn zusätzlich um ihren Hals. Die Tänzerin hat den jungen Mechaniker Benoît Falchetto kennengelernt, von dem sie einen Bugatti kaufen möchte. Ob sie allerdings wirklich eine Probefahrt im Sinn hat oder vielmehr ein amouröses Abenteuer sucht, ist umstritten. Jedenfalls nimmt sie auf dem Beifahrersitz des offenen Wagens Platz. Der Sitz ist im Verhältnis zum Fahrersitz leicht nach hinten versetzt, so dass Falchetto seine Begleitung nur sehen kann, wenn er sich zur Seite wendet.

Mit dem Satz: »Lebt wohl, Freunde, ich fahre dem Ruhm entgegen« verabschiedet sich Isadora. Beim Anfahren gerät ihr langer roter Schal in die Speichen des rechten Hinterrades des Bugatti. Falchetto, der spürt, dass etwas nicht stimmt, hält sofort an, doch da hat sich der Seidenschal bereits so weit verdreht, dass Isadora Duncan erdrosselt in ihrem Sitz liegt. Durch den plötzlichen Ruck des Schals war Duncans Kopf auch noch gegen den Rahmen des Wagens geprallt. Jede Hilfe kam zu spät, im Krankenhaus konnte, neben Frakturen der Nase, der Wirbelsäule und des Kehlkopfes sowie einem Riss der Halsschlagader, nur noch der Tod festgestellt werden.

Es ist der berühmteste und in der Medizingeschichte wohl auch einzige Fall von ungewollter Strangulation durch ein Fahrzeug. Der tödliche rote Schal wurde später versteigert, er ging an die Tochter eines amerikanischen Ananas-Pflanzers in Honolulu …

Falco – Kein Weg zurück

Der 1957 in Wien geborene Johann Hölzl soll nach dem Wunsch der Eltern Jura studieren und Rechtsanwalt werden. Doch Johann kümmert sich nicht darum, was andere von ihm wollen, er treibt sich am liebsten in der Wiener Musikszene herum. Eine Zeitlang tingelt er mit der Chaosband »Drahdiwaberl«, dann wagt er seinen ersten Soloauftritt und wird fast über Nacht zu einem der erfolgreichsten österreichischen Musiker aller Zeiten. Der perfekte Auftritt des gutaussehenden 25-Jährigen, im blendend weißen Maßanzug mit schwarzer Sonnenbrille und ölig zurückgegeltem Haar, spiegelt schon den coolen Yuppie-Stil der 80er Jahre wider. Sein 1981 veröffentlichter Song »Der Kommissar« – ein erster Rap – macht ihn, der sich den Künstlernamen Falco ausgesucht hat, dann über Nacht weltweit bekannt.

Ein weiterer internationaler Coup gelingt Falco mit dem Titel »Rock me Amadeus«; die eigenwillige Hommage an den Musiker wird in der allgemeinen Mozart-Euphorie, ausgelöst durch das Hollywood-Drama »Amadeus«, ein Welthit. Sein 1986 veröffentlichtes Album »Emotional« klettert dann noch einmal in der Hitparade nach ganz oben – danach wird es ruhig um Falco.

Zumindest musikalisch. Privat sieht es ganz anders aus: Der Musiker trennt sich von seiner Frau und muss später erfahren, dass er nicht der leibliche Vater seiner Tochter ist. Mit seinem Hang zu exzessivem Alkoholkonsum macht sich Falco das Leben zusätzlich schwer. Um wieder Boden unter die Füße zu bekommen und an seine früheren Erfolge anzuknüpfen, entscheidet sich der exzentrische Star, sein geliebtes Wien zu verlassen und in die Dominikanische Republik umzusiedeln.

Die Messlatte liegt für Falco seit dem Welthit »Rock me Amadeus« sehr hoch. Immer wieder plagen ihn Zweifel, ob er jemals wieder an diesen Erfolg anknüpfen kann. Tatsächlich gelingt ihm dann mit seinem Album »Nachtflug« 1992 ein kleines Comeback. Es ist allerdings nur von kurzer Dauer. Als 1996 eine Auskopplung aus seinem geplanten Album »Egoisten« floppt, zieht er dessen Veröffentlichung auf unbestimmte Zeit zurück …

Am 5. Februar 1998 trifft sich Falco mit einem befreundeten Münchner Tontechniker in der Nähe seiner Wohnung im »Constambar Gym« zum Fitnesstraining, wenige Stunden später erproben die beiden ihr Durchhaltevermögen in der Nachtclub-Szene von Puerto Plata. Wie lange die Tour durch Discos, Go-go-Tempel und Striptease-Etablissements der Hafenstadt gedauert hat, ist nicht bekannt. Am nächsten Mittag ist Falco jedenfalls fit genug, um sich mit seinem Spanischlehrer in seiner gemieteten Villa im »Hacienda Resort« zu treffen. Die beiden plaudern eine Weile, später bringt er den Lehrer ins 19 Kilometer entfernte Puerto Plata. Unentschlossen, was er mit dem angebrochenen Nachmittag anfangen soll, fährt Falco mit seinem Jeep ziellos weiter. Gegen 15 Uhr hält er auf dem Parkplatz vor der ziemlich trostlosen »Turist Disco« an der Flughafenstraße. In der Disco trinkt er einige Whiskys, dann steigt er wieder in seinen Mitsubishi Pajero und bleibt, trotz großer Hitze, zwei Stunden lang – in Gedanken versunken – im Auto sitzen, bevor er wieder losfährt.

Zur selben Zeit lenkt der 40 Jahre alte Cornelio Batista seinen schneeweißen Reisebus, vom Flughafen kommend, auf der Hauptstraße in Richtung Puerto Plata. Für die meisten Fahrer auf der Karibikinsel ist es normal, die Höchstgeschwindigkeit von 80 Stundenkilometern zu ignorieren, auch Cornelio hat das Gaspedal durchgetreten und rast mit Tempo 100 in Richtung Stadt. Kurz vor der »Turist Disco« führt die Straße in einer leichten Kurve über eine kleine Bergkuppe, die Sicht auf den Parkplatz wird von hohem Gestrüpp und von einem Strommasten verdeckt.

Um 16:40 Uhr braust Falco vom Parkplatz der »Turist Disco« auf die Hauptstraße. In diesem Moment bohrt sich mit einem ohrenbetäubenden Knall die verstärkte Rammstoßstange, mit der die dominikanischen Busse wegen der häufigen Kollisionen ausgestattet sind, in die linke Seite des Geländewagens. Der Jeep überschlägt sich und wird auf eine Wiese geschleudert, Falco ist sofort tot. Augenzeugen berichten, dass er den heranrasenden Bus in der allerletzten Sekunde seines Lebens wohl noch wahrgenommen habe: »Seine Augen waren weit aufgerissen, seine Pupillen vor Angst enorm groß, der Mund stand noch offen«, so werden die Gesichtszüge des Verunglückten beschrieben.

Auch der Omnibus kommt durch den Aufprall von der Straße ab, er bleibt erst nach 100 langen Metern stehen.

Johann Hölzl, alias Falco, hatte 1982 in einem Interview gesagt: »Wenn ich schon mal zu früh sterben sollte, dann wie James Dean – auf einer Kreuzung, im Porsche. Zack. Aus.« Es war letztlich zwar kein Porsche, sondern nur ein Mitsubishi Pajero, als es am 6. Februar 1998 für Falco »Zack. Aus« hieß. Dennoch bewies er hellseherische Fähigkeiten.

Falco wurde nur 40 Jahre alt.

Erst nach seinem Tod erscheint das Album »Out of the Dark«. Die gleichnamige Single-Auskopplung wird ein Riesenerfolg. Es ist der letzte Satz seines Songs »Out of the Dark«, der den Mythos Falco am Leben hält: »Muss ich denn sterben, um zu leben?«

Antoni Gaudí – Unterlassene Hilfeleistung

Wie jeden Tag verlässt der spanische Architekt Antoni Gaudí am späten Nachmittag seine spartanisch eingerichtete Behausung. Nachdem er seine Arbeiten beendet hat, beginnt er seinen täglichen Abendspaziergang. Meistens zieht es ihn zur Kirche Philipp Neri, um dort sein Abendgebet zu verrichten. Früher hat er sich nicht für Religion interessiert und ein wenig heiliges Leben geführt. Berichtet wird von Freimaurertum, Alchemie, Gotteslästerung, Drogenmissbrauch sowie von der gottlosen Neigung zu sexuellen Ausschweifungen.

Durch den Tod seiner Mutter tief erschüttert, wendet er sich dann jedoch voller Hingabe der Mutter Gottes zu.

Die Verehrung der Jungfrau Maria verdrängt sein Verlangen nach weltlichem Besitz. Er legt keinen Wert mehr auf elegante Kleidung, er isst kein Fleisch, trägt keine Uhr, weil, wie er sagt, »die Zeit Gott allein gehört«. Deshalb lässt sich Gaudí für den Bau »seiner« Kirche, der Sagrada Família, auch viel Zeit. Seit 43 Jahren arbeitet der Baumeister in Barcelona an der riesigen, modern-gotischen Kathedrale. Erst vier der geplanten 18 Türme ragen in den Himmel von Barcelona, und keiner weiß, wann das Großprojekt endlich fertig sein wird.

Trotz des göttlichen Zeitmanagements macht sich der Architekt Gedanken darüber, wie viel Zeit ihm selbst mit seinen 74 Jahren noch bleiben wird, um seinen Bau wachsen zu sehen. In Gedanken versunken geht Antoni auch am 8. Juni 1926 die vertraute Strecke zur Kirche. Als der Künstler die Straße überqueren will, hat er möglicherweise noch das Klingeln gehört und das Quietschen der Bremsen wahrgenommen, aber es ist zu spät, um auszuweichen. Die Straßenbahn der Linie 30 erwischt den Spaziergänger und schleift ihn auf den Schienen einige Meter mit.

Schwer verletzt, die armselige Kleidung vom Mitschleifen zerschlissen und schmutzig, liegt Gaudí am Boden. In den Taschen findet man nur eine Bibel und ein paar Nüsse. Den scheinbar namenlosen Penner, von denen es in Barcelona so viele gibt, will kein Taxifahrer ins Krankenhaus fahren. Schließlich findet sich dann doch ein mitleidiger Mensch, der den Namenlosen ins Obdachlosenhospiz bringt. Keiner erkennt den schwerverletzten Star-Architekten. Erst als ihn sein Freund und engster Mitarbeiter Doménech Sugranyes nach drei Tagen findet, erfährt Barcelona, was einem seiner berühmtesten Söhne zugestoßen ist. Die Verlegung in ein ordentliches Krankenhaus lehnt Gaudí ab, er will bei den Armen bleiben. Der Architekt wird in ein Einzelzimmer umgebettet, wo er noch am selben Tag stirbt. Es scheint geradezu absurd, dass dieser erfolgreiche, eigenwillige und visionäre Architekt durch den Zusammenstoß mit einer Straßenbahn, dem damals modernsten öffentlichen Verkehrsmittel, sterben musste.

Von seinen Verehrern wird Gaudí bis heute als ein Bote Gottes angesehen und, wenn es nach dem Willen des Erzbischofs von Barcelona ginge, würde er sicher bald seliggesprochen. Die Formalitäten sind vorbereitet, es gibt ein umfassendes Dossier, das wundertätige Werke und verblüffende Heilungen aufzählt. Befürworter der Seligsprechung verweisen vor allem auf die ästhetischen Leistungen Gaudís, der zum Lob Gottes in der wild wuchernden Formensprache der Pflanzen, unter Umgehung rechter Winkel geradezu staunenswerte Wunder vollbracht hat ...

Monti Lüftner – Tod auf dem Recyclinghof

Zu den typischen Erscheinungen der Wirtschaftswunderzeit in den 50er Jahren gehört der Bertelsmann-Lesering. Den Mitgliedern dieses Bücherclubs wurde erfolgreich der preiswerte Erwerb aktueller Bücher ermöglicht. Mitte der 1950er Jahre wurde das Angebot auch auf Schallplatten ausgeweitet. Mit dem Slogan »Zum guten Buch gehört ein schöner Klang« warb der Bertelsmann-Schallplattenring, dessen 1958 gegründetes Tochterunternehmen Ariola von dem eloquenten Österreicher Egmond »Monti« Lüftner zum Erfolg geführt wurde. An »Mister Ariola« Monti Lüftner kam keiner aus der europäischen Schlagerelite vorbei. »Gitarren klingen leise durch die Nacht« mit Jimmi Makulis war der erste Hit bei Ariola, es folgte »Am Tag, als der Regen kam« von Dalida. Schließlich zauberte Lüftner den Österreicher Udo Jürgens, die Französin Mireille Mathieu und den kleinen Holländer Heintje herbei, der mit »Mama« nicht nur die deutschen Muttis rührte. Später vermarktete er Stars wie Whitney Houston, Bob Marley und Cat Stevens. Trotz des Erfolgs machte Bertelsmann am 17. Mai 2010 allerdings endgültig Schluss mit Ariola. Das erfolgreiche Plattenlabel wurde an Sony verkauft. Monti Lüftner hatte sich allerdings schon Jahre zuvor in den Ruhestand verabschiedet.

Nach Erreichen der konzernüblichen Altersgrenze war der prominente Partylöwe Anfang der 90er Jahre in Rente gegangen. Untätig ist Lüftner aber noch lange nicht, zumindest mischt er weiterhin das Münchner Nachtleben auf und liefert den Boulevardblättern Kostproben seines schillernden Lebenswandels. Jedes Jahr veranstaltet er am Wörthersee den sogenannten »Monti-Cup«, ein Tennis- und Golfturnier, bei dem jedes Mal reichlich Prominenz aufschlägt.

Wer rastet, der rostet, und das sollte auf keinen Fall für Monti gelten, auch nicht am 7. Mai 2009: An diesem Tag entrümpelt der 77-Jährige gemeinsam mit seinem Freund Stefan den Keller. Nachdem der Sperrmüll im Auto verstaut ist, fahren die beiden Männer zum Wertstoffhof nach Garching. Wie üblich warten auf dem Platz schon einige Lastwagen und Autos mit Anhängern in einer langen Reihe, um ihren Müll zu entsorgen. Als Stefan ins Büro des Wertstoffhofes muss, um die Entsorgungsgebühren zu bezahlen, steigt auch

Lüftner aus dem Auto aus. Offenbar fasziniert vom Betrieb auf der Sammelstelle, schlendert er gelassen über das Gelände. Gemächlich geht er an einem Regal mit Rohren vorbei und verschwindet dann zwischen wartenden Lastwagen, die sich im Stop-and-go-Verkehr in Richtung Ausfahrt befinden.

Monti Lüftner bemerkt nicht, dass sich das Fahrzeug hinter ihm in Bewegung setzt. Und auch der Fahrer des Lkw sieht, möglicherweise wegen des sogenannten toten Winkels, den fast eins achtzig großen Musikmanager nicht. Der gerät unter die Reifen, und Sekunden später ist Monti Lüftner tot. Unter den Lkw-Reifen splittern und brechen seine Rippen mehrfach und werden ineinandergeschoben.

Wie es zu dieser Tragödie kommen konnte, bleibt letztlich ungeklärt. Nicht auszuschließen ist, dass Lüftner in Gedanken versunken war oder mit seinem Handy telefonierte und den 18-Tonner nicht wahrnahm. Möglicherweise wollte er auch etwas aufheben und hatte sich gerade gebückt, als sich das Fahrzeug in Bewegung setzte. Um eventuelle gesundheitliche Gründe als Todesursache auszuschließen, wurde die Leiche untersucht – der Obduktionsbefund ergab: Lüftner war vor dem Unfall ein kerngesunder Mann.

Jayne Mansfield – Kopflos wider Willen

Die U.S. Route 90 ist nicht so bekannt wie die Route 66, aber auch dieser Highway ist eine der legendären Ost-West-Verbindungen Amerikas. Der Highway 90 ist die schnellste Verbindung zwischen Biloxi am Golf von Mexiko und New Orleans. Zunächst geht es nach Gulfport, dann Mississippi City,

Long Beach, Pass Christian, über die Bay St. Louis Bridge nach Waveland, und schließlich erreicht man New Orleans.

In der sternenklaren, hellen Nacht des 28. Juni 1967 ist zwischen Biloxi und New Orleans außer dem Buick Electra 225 kaum ein Auto unterwegs. Die Insassen des Wagens wollen unbedingt vor Morgengrauen in New Orleans ankommen, also drückt der Fahrer des Wagens, Ronnie Harrison, das Gaspedal bis zum Anschlag durch. An Bord des Straßenkreuzers döst der wasserstoffblonde Superstar Jayne Mansfield, die im Mittagsprogramm des Fernsehsenders WDSU in New Orleans einen wichtigen Auftritt hat. Mit dabei sind ihr Lebensgefährte Sam Brody und drei ihrer Kinder.

Für die Diva ist es in den letzten Jahren nicht so gut gelaufen, doch sie glaubt fest daran, ein Comeback erzwingen zu können – und tatsächlich wurden ihre Auftritte im legendären Gus Stevens Supper Club in Biloxi vom Publikum als Attraktion gefeiert. Man wollte das Busenwunder einmal *live and in person* erleben.

Jayne Mansfield war ein wirkliches Wunder unter den Sexikonen der 50er Jahre, superblond und supersexy, mit ihrer Oberweite von aufregenden 104 Zentimetern und einer Wespentaille galt sie als die perfekte »Sirene in Blond« – und so hieß auch ihr bester Film. Allerdings entsprach Mansfield ganz und gar nicht dem Klischee der Blondinenwitze. Sie beherrschte fünf Sprachen, konnte Klavier und Violine spielen und war überdurchschnittlich intelligent.

Für die kleine Jayne ist Hollywood schon früh das große Ziel ihrer Mädchenträume, kaum 17 Jahre alt, brennt sie mit Paul Mansfield durch, heiratet ihn, und kurz darauf kommt das erste Baby. Die Rolle der braven Hausfrau will Jayne allerdings nicht spielen, sie versteht es, sich in Szene zu setzen, und bald füllt sie die Titelseiten der Lokalpresse als Gewinnerin populärer Schönheitswettbewerbe wie dem der »Miss Negligee«, »Miss Lobster« oder »Miss Chihuahua Show«. Als schließlich der *Playboy* im Februar 1955 Jayne Mansfield als Playmate des Monats präsentiert, ist dies der entscheidende Kick für die ersehnte Hollywood-Karriere.

Ihrem Klischee entsprechend, soll sie im Film das dumme Blondchen spielen, eine Rolle, die sie mit Bravour und viel Humor meistert. Für ihre Darstellung in der Komödie »Sirene in Blond« wird sie 1957 mit dem Golden Globe als beste Nachwuchsschauspielerin ausgezeichnet. Doch nach wenigen ernst zu nehmenden Filmen geht es bergab, und irgendwie wird Jayne Mansfield Opfer ihres eigenen Sexappeals. Sie spielt nun nicht nur im Film das dumme und verwöhnte Blondchen, durch zahllose Eskapaden wird sie zu ihrer eigenen Karikatur. Ihr Zuhause, der komplett pink gestylte »Pink Palace« am 10100 Sunset Boulevard in Beverly Hills ist beliebter Treffpunkt der Klatschkolumnisten. Bereitwillig wird jedem Reporter die Türe geöffnet, selbst wenn die Diva nur mit Schaum bekleidet in ihrer herzförmigen Badewanne sitzt.

Im Gegensatz zu Marilyn Monroe wird Jayne Mansfield bald nur noch als Skandalnudel wahrgenommen. Durch ihren letzten Lover, den Rechtsanwalt Sam Brody, lernte sie den Gründer der Church of Satan, Anton LaVey, kennen. Angeblich war der die Vorlage für den Teufel in Roman Polanskis okkultem Filmklassiker »Rosemary's Baby«. Der Satanist LaVey fand großen Gefallen an der üppigen Jayne. Um sie für sich zu gewinnen, belegt er ihren Lebensgefährten kurzerhand mit einem perfiden Fluch. Doch seine Verwünschungen treffen nicht nur Sam Brody. Die ganze Mansfield-Sippe wird daraufhin von allerlei Unbill heimgesucht: Sieben Autounfälle in sechs Monaten, verschwundene Gepäckstücke, gespenstische Vorfälle zu Hause im »Pink Palace«, die Festnahme der Tochter sowie der Unfall des Sohnes machen die infamen Prophezeiungen sehr real. Schlimmer jedoch ist, dass sich wegen Jaynes Affäre mit dem teuflischen LaVey die Fans und die Presse von ihr abwenden.

Die clevere Jayne will einfach nicht wahrhaben, dass sie, obwohl nur 33 Jahre alt, ihren Zenit längst überschritten hat und als ziemlich pummelige Wasserstoff-Blondine für jedes Engagement dankbar sein muss. Sie tritt sogar als Höhepunkt im Programm eines Nachtclubs auf.

Als sie unerwartet das Angebot bekommt, in der beliebten WDSU-Fernsehsendung »Midday« als Gaststar aufzutreten, glaubt sie deshalb an ein Comeback.

Am 28. Juni 1967, nach der letzten Show, wartet der 19-jährige Club-Angestellte Ronnie Harrison um Mitternacht im Buick auf die Mansfield-Familie, um sie nach New Orleans zu fahren. Vorne sitzt Jayne mit ihrem geliebten Chihuahua, in der Mitte Sam Brody und am Steuer der junge, attraktive Chauffeur. Auf der Rückbank sind Miklos, Zoltan und Mariska, die Kinder aus der Ehe mit dem ehemaligen Mr. Universum, Mickey Hargitay.

Wie alle, die auf dem U.S. Highway 90 von Mississippi nach Louisiana unterwegs sind, machen auch Jayne und ihre Entourage an der Raststätte White Kitchen eine kleine Pause. Danach muss es schnell weitergehen, um am Morgen pünktlich und ausgeschlafen im Fernsehen aufzutreten. Jayne und Brody dösen, möglicherweise ist auch der junge Fahrer schläfrig, dennoch fährt er mit großer Geschwindigkeit auf der tückischen, kurvenreichen Strecke, genannt Old Spanish Trail.

Das Ziel der Reise ist nicht mehr weit, als plötzlich die Sicht durch Nebelschwaden beeinträchtigt wird. Der Buick donnert durch Dunst und Gischtschwaden, als sie sich der berüchtigten Dead Man's Curve nähern. Das Licht ist diffus, die eigenen Scheinwerfer blenden – als der Fahrer das Hindernis bemerkt, ist es zu spät, er hat keine Chance. Genau um 2:25 Uhr am Morgen des 29. Juni 1967 kracht es fürchterlich. Ursache für die Gischtschwaden war ein am Straßenrand fahrendes Sprühfahrzeug, das zur Bekämpfung der Moskitoplage im Einsatz war. Von dieser Gischt völlig eingehüllt, war auch noch ein sehr langsam fahrender Sattelschlepper unterwegs.

Später wird behauptet, Jaynes Wagen sei ein Cabrio gewesen, in Wirklichkeit aber hatte sich das Auto beim Aufprall so weit unter den Truck geschoben, dass das Dach komplett abrasiert wurde. Der Bannfluch des Satanisten LaVey war grausame Wirklichkeit geworden, Fahrer Ronnie Harrison und Sam Brody schienen äußerlich zwar unverletzt, hatten aber durch das Armaturenbrett tödliche Quetschungen erlitten.

Opfer des Unfalls ist auch Jayne Mansfield. Die Nachricht von ihrem Tod verbreitet sich wie ein Lauffeuer. Bis heute hält sich das Gerücht, das Heck des Sattelschleppers habe wie ein messerscharfes Henkersbeil, zusammen mit dem Dach des Buick, den Kopf der Diva abgetrennt und auf die Straße geschleudert. In einer anderen Version wird behauptet, die Schauspielerin sei bei dem Unfall skalpiert worden, ihr sei, wie im Wilden Westen, die Kopfhaut gewaltsam abgerissen worden. Offiziell heißt es jedoch, dass Mansfield lediglich die imposante blonde Perücke vom Kopf geflogen sei. Fest steht zumindest, dass die Diva gemeinsam mit dem Chihuahua aus dem Wagen geschleudert wurde.

Jayne Mansfields Kinder, die auf dem Rücksitz geschlafen hatten, wurden nur leicht verletzt.

Margaret Mitchell – Morgen ist kein neuer Tag

Egal, ob Buch oder Film, man braucht viel Zeit für Margaret Mitchells Südstaaten-Epos »Vom Winde verweht«. Das Drama spielt zur Zeit des Amerikanischen Bürgerkrieges und erzählt die komplizierte Liebesgeschichte zwischen dem egozentrischen Charmeur Rhett Butler und der eigenwilligen Südstaatenschönheit Scarlett O'Hara.

Um sich nach einem Reitunfall ihre Genesungszeit zu vertreiben, hatte die ehemalige Starreporterin Margaret Mitchell 1926 angefangen, »Vom Winde verweht« zu schreiben. Ihr Thema entsprach dem damaligen Zeitgeist. Um das Trauma des amerikanischen Südens zu bewältigen, war es populär, über die untergegangene Epoche zu schreiben. Im Roman wurden die herrschaftlichen Villen noch stattlicher, die reizenden Damen noch lieblicher, die ritterlichen Herren noch herrlicher und die glücklichen Farbigen noch glücklicher.

Ohne ihren Entschluss jemals begründen zu können, setzte sich Margaret an ihren Schreibtisch und begann, wie schon bei ihren Reportagen, mit dem Ende ihres Buches: »Morgen ist ein neuer Tag.« Kapitel für Kapitel verwob sie sodann ihr eigenes spannendes Familienpuzzle aus den Gutenachtgeschichten ihrer Großmutter mit den politischen Umwälzungen in Folge des Amerikanischen Bürgerkriegs.

Es geht um Plantagenbesitzer in Georgia, um Sklaven, um den viktorianischen Familiensitz in Atlanta, um den honorigen Großvater und den brennenden Schmerz der besiegten und traumatisierten Bürgerkriegs-Veteranen. Vor allem aber ist es Margarets eigene Geschichte. Sie selbst beschreibt sich als Kind der Jazz-Epoche – eine moderne, taffe, junge Frau, emanzipiert, und gleichzeitig eine typische »Southern Belle«, eine extravagante Mischung, mit viel Humor, scharfer Zunge und unwiderstehlichem Charme.

»Vom Winde verweht« beinhaltet auch die Geschichte ihrer Liebe zu Lieutenant Clifford Henry, der zwei Monate vor Kriegsende in Frankreich gefallen ist. Und auch ihre Erlebnisse im Rahmen der gescheiterten Ehe mit dem charmanten Abenteurer und Hallodri Barren »Red« Upshaw sowie die Erfahrungen in der Ehe mit dessen Freund, dem einfühlsamen John Marsh, finden Eingang in den Roman.

Nach zehn Jahren eifrigen Sammelns, Zusammenstellens und Schreibens ist die tausendseitige Monumentalschnulze endlich fertig. Das Rührstück aus Liebe, Tod und gottgewollten Rassenschranken wird ein Welthit. 1937 erhält Mitchell den Pulitzer-Preis, 1939 kommt »Vom Winde verweht« mit Clark Gable und Vivien Leigh ins Kino. Der Film erhält mehrere Oscars und ist bis heute einer der kommerziell erfolgreichsten Filme überhaupt.

Der Trubel um ihre Person bringt Margaret an den Rand der Erschöpfung, so viel und so lange andauerndes Aufsehen hat sie nicht erwartet. Mit aller Kraft versucht sie ihr gewohntes Leben weiterzuführen. Akribisch beantwortet sie Tausende Anfragen unbekannter Bewunderer und verschwendet so wertvolle Zeit, die sie gebraucht hätte, um über ein neues Thema nachzudenken. »Vom Winde verweht« bleibt letztlich Margaret Mitchells einziges Buch.

Buch und Film erleben nach dem Zweiten Weltkrieg eine Renaissance, dennoch kommen Fanbriefe nun seltener, die Autorin selbst scheint bereits zur entrückten Legende geworden zu sein. Privat lebt sie rückwärtsgewandt, sie klammert sich an ihre Jugendfreundschaften und die gemeinsame Vergangenheit, in der ihre Berühmtheit keinen Platz haben soll.

Nach wie vor wohnt sie gemeinsam mit ihrem Mann John Marsh in Atlanta, nur ein paar Straßen von dem Haus entfernt, in dem sie geboren wurde und aufgewachsen ist.

Dennoch hat sich Margaret verändert. Die einzigartige Kombination aus Südstaatenschönheit, ungestümem Wildfang und galanter Koketterie ist verblasst, düstere Stimmungen verschatten ihre Tage. So auch den Abend des 11. August 1949.

Es ist ein schwülheißer Sommerabend. Nachdem das Ehepaar Marsh auswärts gegessen hat, wollen sie den Spielfilm »A Canterbury Tale« anschauen. John ist nach einem Schlaganfall noch nicht gut auf den Beinen. Obwohl das Kino nur ein paar Blocks entfernt ist, fahren sie die kurze Strecke mit dem Auto und parken gegenüber dem Kino. Fürsorglich hilft Margaret ihrem Mann beim Aussteigen, sie stützt seinen Arm. Nachdem sie sich vergewissert haben, dass kein Fahrzeug zu sehen ist, beginnen sie langsam die Straße zu überqueren.

Das Filmtheater mit dem Namen The Arts liegt an einer gefährlichen Kreuzung, wobei die Sicht in beide Richtungen jeweils durch eine Kurve eingeschränkt ist. Es gibt weder eine Ampel noch einen Zebrastreifen. Als sie den Mittelstreifen überqueren, sieht Margaret ein Auto in der Mitte der Straße auf sie zurasen. Ihre Entscheidung fällt im Bruchteil einer Sekunde: Panisch schreit sie auf, löst sich vom Arm ihres Mannes und dreht sich abrupt um.

Im selben Moment erkennt auch der heranbrausende 29-jährige Taxifahrer Hugh D. Gravitt die Gefahr. In einem verzweifelten Versuch, den Unfall noch zu vermeiden, reißt er das Steuer herum, um nach links auszuweichen. Er rechnet nicht damit, dass einer der Fußgänger umkehren könnte, um zurückzulaufen. Doch genau das passiert: Während John bewegungslos auf der Mittellinie stehen bleibt, stürzt Margaret zurück in Richtung des geparkten Autos.

Gravitt steigt auf die Bremse, die Reifen quietschen, dennoch schießt das Auto vorwärts, schleudert 60 Meter, erfasst Margaret und schleift sie noch sieben Meter mit, bis das Fahrzeug endlich steht. Keiner der Augenzeugen ahnt zunächst, dass die Verletzte, die blutüberströmt und ohnmächtig auf der Straße liegt, Margaret Mitchell ist. Zehn Minuten nach dem Zusammenstoß ist die Ambulanz an der Unfallstelle. Der Unfallfahrer wird festgenommen und gegen eine Strafe von 5450 Dollar wegen Trunkenheit am Steuer sowie zu hoher Geschwindigkeit (und das auf der Gegenfahrbahn) wieder freigelassen. Später wird er wegen fahrlässiger Tötung angeklagt und zu vier Monaten Gefängnis verurteilt.

Bei Margaret werden ein Schädelbruch vom Scheitel bis zur Wirbelsäule, ein zweifacher Beckenbruch und innere Verletzungen festgestellt. Fünf Tage kämpft sie um ihr Leben, erfolglos. Am 16. August 1949 um 11:59 Uhr stirbt die Autorin des Weltbestsellers »Vom Winde verweht«.

Durch einen Autounfall zu sterben, davor hatte sie sich immer gefürchtet.

Helmut Newton – Gegen die Wand

Nackte Frauen in provokanten Posen sind das Markenzeichen von Helmut Newton. Die Mischung aus kühler Erotik, Luxus und Provokation sichert ihm den Rang eines Starfotografen und bringt ihm die Kritik mancher Feministin ein.

Bereits mit zwölf Jahren kauft sich der 1920 in Berlin geborene Sohn des jüdischen Knopffabrikanten Neustädter seinen ersten Fotoapparat, eine Zeiss Ikon Box Tengor. Inspirieren lässt sich der junge Helmut durch die Zeitschriften seiner Mutter wie *Die elegante Welt*. Seine ersten Motive sucht er sich an nahen Orten wie der Berliner U-Bahn. Das Gymnasium bricht er ab, die 1936 begonnene Fotografenlehre wird durch den wachsenden Druck der Judenverfolgung jäh beendet. Im Jahr 1938 flieht Helmut vor den Nazis aus Berlin. Er ändert seinen Namen in Newton und gelangt über Singapur nach Australien, wo er zunächst als Fotoreporter arbeitet. Zurück in Europa, Ende der 50er Jahre, schafft er mit seinen kühlen Frauenporträts den Durchbruch. Mit seinem Stil revolutioniert er die Modefotografie der 60er Jahre und erlangt durch seine Bilder für die Zeitschrift *Vogue* Weltruhm. Jahrzehnte ist er der begehrteste und teuerste Werbe- und Porträtfotograf der Welt.

Newton sieht sich ein Leben lang als eine Art Glücksritter. Er ist verrückt nach Autos. In den 50er Jahren fährt er einen Porsche, der für ihn Erotik pur ausstrahlt. Verkehrsregeln scheinen ihn dagegen weniger zu interessieren. Ohne auf den Verkehr zu achten, überquert er Hauptstraßen, er ignoriert rote Ampeln und parkt, wo er will. Wenn er an seinem Hauptwohnsitz Monte Carlo mit seinem Range Rover durch die engen Kurven rast, könnte man glauben, der inzwischen über 80-jährige sei im Wettbewerb beim Grand Prix von Monaco.

Obwohl an der Côte d'Azur auch im Winter recht angenehme Temperaturen herrschen, nehmen Helmut Newton und seine Frau June, mit der er 55 Jahre verheiratet ist, während der Wintermonate Quartier in Los Angeles. Wie immer wohnt das Ehepaar im berühmten Hotel der Stars und Sternchen, dem Château Marmont. Vom Parkplatz des Hotels gelangt man direkt auf den Sunset Boulevard, eine breite Straße in Hollywood.

Als der Fotograf am Freitag, den 23. Januar 2004 gegen Mittag den Parkplatz mit seinem Cadillac verlässt, verliert er die Kontrolle über seinen Wagen. Passanten sehen, wie das Auto plötzlich beschleunigt, pfeilgerade über die Straße rast und auf eine gegenüberliegende Mauer prallt. Es kracht fürchterlich, die Vorderseite des Wagens wird eingedrückt, die Windschutzscheibe zerspringt. Schwer verletzt und blutüberströmt wird Newton in das Cedars-Sinai-Krankenhaus gebracht, wo er wenig später stirbt.

Als Unfallursache halten die Ärzte einen Herzinfarkt für möglich. Vielleicht ist der Fotokünstler aber auch nur vom Bremspedal abgerutscht. Helmut Newton wurde 83 Jahre alt. Er hatte immer mal wieder gegrübelt, was sein würde, wenn er – Originalton – »abgekratzt« ist. Aber mit dem Auto gegen eine Wand, so banal hatte er sich sein Ende nicht vorgestellt.

8.
Sport ist Mord

Sonny Bono – Gefährliches Vergnügen im Schnee

Mitte der 60er Jahre sind Sonny & Cher das Vorzeigepaar der Flower-Power-Bewegung. Ihr gemeinsamer Hit »I got you babe« wird zur Hymne einer ganzen Generation. Schon bevor er sich in die elf Jahre jüngere Cherilyn Sarkisian La Pier, Tochter einer Cherokee-Indianerin und eines Armeniers, verliebt, ist der 1935 in Detroit geborene Italo-Amerikaner Salvatore »Sonny« im Musikgeschäft.

Die beiden Scheinrebellen, mit wilder Mähne und Pelzwesten, die privat eher konventionell leben, starten 1971 in Amerika ihre TV-Show »Sonny & Cher Comedy Hour«. Sonny hat sich als »Running Gag« das Image aufgebaut, stets im Schatten der schönen, attraktiven und einen halben Kopf größeren Cher zu stehen. Im Rahmen der witzigen Wortgefechte, die sich die beiden liefern, ist der schnauzbärtige Schlaghosenträger seiner scharfzüngigen Frau meistens unterlegen. Bald kommt jedoch das bittere Ende, das Paar lässt sich 1974, nach wüsten Auseinandersetzungen, scheiden. Während Cher nach der Trennung ihre Karriere als Sängerin und Schauspielerin fortsetzt, wird es um Bono zunächst ruhiger.

Erst 1988, als er, aus Frust über das Bauamt seines kalifornischen Wohnorts Palm Springs, als Bürgermeister kandidiert und prompt gewählt wird, sorgt er wieder für Schlagzeilen.

Anfang der 90er Jahre bewirbt sich das einstige Hippie-Idol dann bei den republikanischen Vorwahlen für den US-Senat. Mit der politischen Karriere klappt es jedoch erst im zweiten Anlauf, er erringt einen Sitz im Repräsentantenhaus. Bono hat inzwischen die Eskimo-Boots und die Felljacke gegen einen perfekt geschneiderten Anzug mit Krawatte getauscht; geblieben ist aber sein Humor, der ihm in Washington manche Tür öffnet. Er profiliert sich im Justizausschuss als Gefolgsmann Newt Gingrichs und fordert eine »schlagkräftige Polizei« sowie Einsparungen beim Tierschutz.

Privat braucht Bono nach der Trennung von Cher zwei Anläufe, die richtige Partnerin zu finden, ehe er mit Mary Whitaker glücklich wird. Gemeinsam mit den Kindern Chesare und Chianna verbringt das Paar jedes Jahr den Skiurlaub im Lake Tahoe Heavenly Ski Resort in der Sierra Nevada.

Am Nachmittag des 6. Januar 1998 ist die ganze Familie auf der Piste. Als eines der Kinder hinfällt, stoppt Mary, um zu helfen. Bono, der seine Skiferien seit 20 Jahren hier verbringt und das Skigebiet und alle Pisten genau kennt, ist schon vorausgefahren. Die Schneeverhältnisse sind ideal, und die breite mittelschwere Piste durch einen Pinienwald ist in perfektem Zustand.

Nachdem Mary und die Kinder in der Talstation angekommen sind, warten sie auf Bono. Sie wissen, dass er auch im Alter von 62 Jahren ein ausgezeichneter Skifahrer ist. Als Bono nach über zwei Stunden jedoch nicht erscheint, wendet sich Mary an die Verwaltung des Resorts. Nachdem der Vermisste nirgendwo gesehen wurde, macht sich die Bergwacht auf, um ihn zu suchen.

Es ist ein besonderer Kick, auf der Suche nach unberührtem Tiefschnee zwischen Bäumen hinabzuschwingen. Das ist aber nicht ganz ungefährlich. Und tatsächlich findet die Ski Patrol Bonos Leiche abseits der gekennzeichneten Piste. Untersuchungen ergeben, dass er mit ca. 20 bis 30 Stundenkilometern gegen einen Baum geprallt ist. Die schweren Kopfverletzungen führten sofort zum Tod. In Anerkennung der Verdienste des humorvollen und klugen Kongressabgeordneten, setzte das US-Kapitol die Fahne auf Halbmast.

Michael LeMoyne Kennedy – Tragische Weihnachten

American Football ist in den Vereinigten Staaten so beliebt wie bei uns Fußball. Die Spielregeln sind für uns Laien schwer zu durchschauen. Sicher ist, dass zwei Mannschaften aus je elf Spielern versuchen, einen ovalen Lederball mehr mit den Händen denn mit den Füßen in die gegnerische Endzone zu bringen. Kaum ein Spiel ist brutaler, bei kaum einem anderen gibt es so viel Gewalt und so viele Verletzungen. Die Spieler sind Kampfmaschinen, die mit vollem Körpereinsatz in monatelangen Schlachten um den Einzug in das Finale, den Kampf um den Super Bowl, ringen.

Eine merkwürdige, gefährliche Variante ist American Football auf Skiern. Eine Extremsportart, die bei den Kennedys Tradition hatte: Seit Generationen gehört »football on skis« zum Freizeitspaß der bekanntesten Familie Amerikas, und keiner beherrscht das Spiel besser als Michael Kennedy. Er hat elf Geschwister und ist erst zehn Jahre alt, als sein Vater Robert im Jahr 1968 ermordet wird. Später leitet er ein Non-Profit-Energieunternehmen, engagiert sich als Schusswaffengegner und ist Mitglied im Wahlkampfteam seines Onkels

Edward Kennedy. Wie fast alle Kennedys hat auch Michael seine dunklen Seiten. So bringt ihn seine Schwäche für Alkohol und eine Affäre mit einer Minderjährigen in große Schwierigkeiten.

Seit Jahrzehnten verbringt die Großfamilie des ermordeten US-Senators Robert Kennedy die Weihnachtsferien in Aspen, Colorado. Am 31. Dezember, dem letzten Tag des Jahres 1997, haben alle zugesagt, noch einmal American Football im Schnee zu spielen. Wie üblich versammeln sich die Kennedy-Spieler und warten, bis alle anderen Skifahrer ins Tal abgefahren sind. Bevor das Spiel beginnen kann, wird der Hang in Felder eingeteilt und als nächstes Ziel ein bestimmter Baum oder eine Pistenmarkierung festgelegt. Die Spieler auf Skiern fahren ohne Skistöcke, denn die Aufgabe lautet, den Spielball – oft auch in Form einer Plastikflasche – ins Ziel zu bringen. Auf »Los« stürzen sich alle unter viel Gelächter und mit großem Eifer in das Geschehen.

Während es in wilder Fahrt abwärts geht, übersteuert Michael eine Kurve, fährt rückwärts und schaut nach oben, um den Ball zu fangen. Wahrscheinlich hat er kurz die Kontrolle über seine Skier verloren, denn plötzlich prallt er mit dem Kopf gegen einen Baum. Michael Kennedy wird sofort in ein Krankenhaus gebracht, wo er jedoch 90 Minuten nach dem Unfall stirbt. Sein tragischer Tod ist ein weiterer Eintrag in die lange Liste der Katastrophen, von denen die Familie Kennedy heimgesucht wird.

9.
Das letzte Mahl

Sherwood Anderson – Verschluckte Olive

Die Bedeutung des amerikanischen Schriftstellers Sherwood Anderson beruht hauptsächlich auf einem einzigen Buch, den knapp zwei Dutzend Kurzgeschichten in »Winesburg, Ohio«. Diese Erzählsammlung, in der das Leben in der amerikanischen Kleinstadt Winesburg um das Jahr 1890 herum beschrieben wird, ist ein Klassiker der amerikanischen Literatur. Sherwood Anderson spielt als Begründer der modernen amerikanischen Kurzgeschichte eine wichtige Rolle; und er gilt als Vorläufer der beiden Nobelpreisträger William Faulkner und Ernest Hemingway.

Anderson wird im Jahr 1876 in Ohio geboren. Er kommt aus ärmlichen Verhältnissen, doch durch enormen Fleiß gelingt ihm der gesellschaftliche Aufstieg. Nachdem er eine Zeitlang eine Versandfirma geleitet hat, macht er sich selbstständig und gründet in der Kleinstadt Elyria, Ohio, einen eigenen Vertrieb für Dachlacke. Die Firma ist erfolgreich, und das Familienleben mit seiner Frau Cornelia Lane und den drei Kindern scheint perfekt.

Plötzlich und unerwartet lässt Sherwood Anderson jedoch im November 1912 seinen Job und seine Familie hinter sich. Er ist sechsunddreißig Jahre alt und fest entschlossen, Schriftsteller zu werden. Im Februar des darauffolgenden

Jahres zieht er nach Chicago und beginnt zu schreiben. Im Jahr 1919 veröffentlicht er sein beeindruckendes Werk »Winesburg, Ohio«, den finanziellen Erfolg jedoch bringt erst der Roman »Dark Laughter« (»Dunkles Lachen«), der 1925 erscheint. Eine vergleichbare Anerkennung erreicht er mit seinen fast jährlich erscheinenden Büchern später nicht mehr.

Seine Schriftstellerkollegen verehren und bejubeln ihn indes weiterhin. Bei einem Besuch in Europa im Jahr 1921 wird er von Gertrude Stein, Ernest Hemingway oder auch James Joyce herzlich aufgenommen, und der noch unbekannte William Faulkner bemüht sich um seine Freundschaft.

Zehn Jahre nach der Veröffentlichung von »Winesburg, Ohio« wenden sich seine Leser dann aber endgültig von ihm ab. Trotz finanzieller Unabhängigkeit findet Anderson keinen inneren Frieden, nicht durch das Schreiben, auch nicht durch Vorträge und nicht auf seinen ausgedehnten Reisen.

Letztlich wird ihm eine Kreuzfahrt nach Südamerika dann zum Verhängnis. Bei einem Empfang kurz vor der Einfahrt in den Panamakanal nimmt Anderson einen Martini-Cocktail zu sich: Zu seinen Eigenarten gehört es, die Olivengarnitur zu verzehren. Als er sich einige Tage später unwohl fühlt, wird er in ein Krankenhaus eingeliefert, wo eine Bauchfellentzündung diagnostiziert wird, an der er kurz darauf stirbt. Bei der Obduktion wird festgestellt, dass sein Darm perforiert ist. Sherwood Anderson hatte nicht nur seine Cocktail-Olive gegessen, sondern auch den spitzen Zahnstocher, an dem sie aufgespießt war, verschluckt …

Lya de Putti – Gefährliches Hühnchen

Die Karriere von Lya de Putti dauerte nicht einmal zehn Jahre, aber in dieser kurzen Zeit ist sie außerordentlich erfolgreich und wird einer der beliebtesten deutschen Stummfilmstars. Internationale Beachtung findet sie im Jahr 1925 aufgrund ihrer Rolle in dem deutschen Stummfilm »Varieté«. Bis heute gilt er als einer der erfolgreichsten Stummfilme und als Meilenstein der Filmgeschichte. Obwohl ihr alle eine glänzende Karriere in Übersee prophezeien, gelingt es de Putti jedoch nicht, in Hollywood ihre europäischen Erfolge zu wiederholen.

Das jüngste von vier Kindern, wird Lya de Putti am 10. Januar 1897 als Tochter aristokratischer ungarisch-italienischer Eltern geboren. Zunächst tingelt sie durch Ungarn und Rumänien und wird mehrfach als angebliche Spionin verurteilt, 1920 in Bukarest sogar zum Tod. Nur mit Glück und durch Bestechung gelingt ihr die Flucht nach Berlin. Mit einer Nebenrolle in dem Film »Das indische Grabmal« beginnt ihre rasante Karriere. Sie ist nicht nur eine außergewöhnliche Schönheit, sondern verfügt unbestritten über ein großes schauspielerisches Talent. Sie entspricht dem Idealbild eines Stummfilmstars: Große, tiefgründig schimmernde Augen, dunkelbraunes, lackglänzendes Haar und außergewöhnlich expressive Mimik. Mit ihrem lasziven Körper, den sie mit Juwelen und Pelz behängt, wird die Diva für Millionen von Cineasten zum Sinnbild für Luxus und Verführung.

Lyas Leben endete allerdings früh und auf tragische Weise in New York. Die Diva hatte Liebeskummer und war offiziell in einen Hungerstreik getreten. Doch heimlich plagte sie der Hunger, und in einem unbeobachteten Moment griff sie zu einem knusprigen Hühnerbein und – schwups! –, weg war der Knochen. Normalerweise ist das Verschlucken auch größerer Happen kein Problem. Ein Fremdkörper durchwandert den Magen, den Darm und geht einfach ab. Doch weil der Knochen, den Lya verschluckte, abgebrochen und sehr spitz war, drohte er den Darm zu verletzen. Er musste sofort operativ entfernt werden. Bei der Notoperation kam es dann zu Komplikationen, die zu einer Blutvergiftung führten. Weil sie zusätzlich durch eine Lungenentzündung geschwächt wurde, starb Lya de Putti am 27. November 1931 im Alter von nur 34 Jahren.

Alan Turing – Der giftige Apfel

Im Kriegssommer 1940 ist Bletchley Park in der Nähe von London der geheimste Ort in ganz England, und »Top Secret« ist auch die Arbeit des jungen Wissenschaftlers Alan Turing. Geistesabwesend, dabei manchmal laut vor sich hin zählend, radelt der junge Mann auf einem alten Fahrrad Tag für Tag zur Arbeit nach Bletchley Park. Er ist der sprichwörtlich schusslige Professor. Alles an ihm ist etwas schlampig. Zwar ist seine Kleidung von bester Qualität, aber anstatt von einem Gürtel wird seine Hose von einer Krawatte gehalten, und manchmal hat er sogar noch seine Pyjamajacke unter dem Jackett an. Getoppt wird sein ungewöhnliches Outfit noch, wenn er aus Angst vor Pollenflug eine Gasmaske aufsetzt.

Alles in allem ist Alan ein seltsamer Charakter. Er ist sehr zurückhaltend, kommt aber mit allen gut aus, und fast jeder mag ihn. Seine intellektuellen Fähigkeiten werden von allen bewundert, doch Alan hat auch schauspielerische Talente. Die meisten Lacher bekommt er in der Rolle seines ewig nörgelnden Vaters. Weniger lustig ist es, wenn er nahezu manisch den Zauberspruch der bösen Königin aus Disneys »Schneewittchen und die sieben Zwerge«-Film von 1938 rezitiert: »Dip the apple in the brew,/let the sleeping death seep through.« – »Tunk den Apfel ins Gebräu,/lass den stillen Tod herbei.« Diese beiden Zeilen haben es ihm angetan, sie werden ihn sein Leben lang verfolgen.

Alan Turing wird 1912 in London geboren, doch schon kurz nach seiner Geburt reist seine Mutter wieder nach Indien, wo Alans Vater als Kolonialbeamter tätig ist. Weil das Ehepaar Turing davon überzeugt ist, dass die klimatischen Bedingungen in Indien europäischen Kindern schaden, bleiben Alan und sein Bruder bei einer englischen Pflegefamilie. Auch als später die Arbeit von Alans Vater beim Indian Civil Service beendet ist und die Eltern wieder in England wohnen, gibt es nur während der Ferien so etwas wie Familienleben, ansonsten wohnen die Söhne im Internat.

Schon früh zeigt sich dann Alans Talent für Mathematik, das Fach, das er schließlich am King's College in Cambridge studiert. Als guter Brite liebt er selbstverständlich auch Sport, und so trainiert er nebenbei hart als Marathonläufer. Als Sportsmann beugt er sich den geltenden Regeln, doch Freunde und Kollegen halten ihn für etwas merkwürdig; er gilt als absoluter Nonkonformist. Jegliche Einschränkung der individuellen Freiheit ist ihm zuwider, und so ist er auch nicht bereit, seine Homosexualität ängstlich zu verbergen, kann sie, der damaligen Zeit entsprechend, natürlich aber auch nicht offen leben: In England, wie in ganz Europa, werden Schwule gnadenlos verfolgt. Die Bestrafungen reichen von Psychoterror oder Gefängnisstrafen bis hin zur hormonellen Kastration.

Noch während des Studiums veröffentlicht Alan Turing eine Arbeit zu den theoretischen Voraussetzungen für den Typ Rechenmaschine, der heute Computer heißt. Das Ergebnis seiner frühen Studien ist das Denkmodell einer Maschine als Beweis dafür, dass jede mathematische Aufgabe gelöst werden kann, sofern sie nur durch einen Algorithmus darstellbar ist.

Mit Beginn des Zweiten Weltkriegs im Jahr 1939 wird die Arbeit des genialen Mathematikers dringend für den militärischen Abwehrdienst gebraucht. Es gilt, den Code der deutschen Chiffriermaschine Enigma zu knacken.

Die Arbeit von Alan Turing und seinem Team schreitet indes nur langsam voran. Aber nachdem man einige deutsche Wetterschiffe samt deren Schlüssellisten für Enigma gekapert hat, werden ab Frühsommer 1941 die Funksprüche der Kriegsmarine mitgelesen. In der Folge gelingt es den Briten, sieben deutsche Versorgungsschiffe sowie den Stolz der Nazi-Marine, das Schlachtschiff »Bismarck«, zu versenken. Pro Tag werden in Bletchley Park rund 3000 Nachrichten abgehört, erfasst, dechiffriert, übersetzt, analysiert, militärisch eingeschätzt und bewertet.

Der britische Premierminister Winston Churchill, der Bletchley Park besucht, lobt die Mathematiker als »Gänse, die goldene Eier legen – aber niemals schnattern«. Und in der Tat darf über das Geheimprojekt natürlich nicht »geschnattert« werden. Anstelle einer offiziellen Auszeichnung oder eines Ordens gibt es für die Wissenschaftler jeweils 200 Pfund. Auch in Winston Churchills Kriegserinnerungen »Der Zweite Weltkrieg«, für die er 1953 den Nobelpreis für Literatur erhält, werden mit keiner Silbe die herausragenden Leistungen von Alan Turing erwähnt. Kaum nachvollziehbar ist, dass auch nach Kriegsende »schnattern« immer noch verboten ist; es gibt jedoch eine andere mögliche Erklärung für das Totschweigen Turings.

Ein kleiner Vorfall in seinem Leben, ganz privat und im Grunde nur eine Lappalie, hat dramatische Folgen: 1952 meldet Alan bei der Polizei einen Diebstahl. Gestohlen wurden ein Hemd, eine Hose, einige Fischmesser, ein Kompass und ein Rasierapparat. Ob auch Geld abhandengekommen ist, weiß Alan nicht, da er nie darüber im Bilde ist, ob und, wenn ja, wie viel Geld er in seiner Wohnung hat. Alan Turing gibt an, dass sein letzter Übernachtungsgast einen früheren Liebhaber als Tatverdächtigen genannt habe. Jedenfalls sieht das Gericht daraufhin Grund genug für ein Verfahren.

Als Alans Bruder, Anwalt in London, von der Anzeige erfährt, ist er fassungslos. Vor allem aber sorgt er sich wegen des »Outings« seines Bruders. Er hat bis dahin nicht gewusst, dass Alan homosexuell ist, ahnt aber, dass die Anzeige schlafende Hunde wecken wird. Um seinem Bruder zu helfen, beauftragt er einen Anwalt in Manchester. Doch Alan zu verteidigen ist keine leichte Aufgabe, denn der vertritt nun lautstark seine grundsätzliche Überzeugung, ein Recht auf Homosexualität zu haben. Im Rahmen der Ermittlungen wiederholt Turing seine Aussage, homosexuelle Kontakte zu einem Mann gehabt zu haben, der bei ihm übernachtete und der sich als Komplize des Einbrechers entpuppt.

Das Urteil ist gnadenlos, denn nicht der Dieb, sondern der Bestohlene wird letztlich verurteilt. Jener Mann, dessen Arbeit während des Krieges maßgeblich dazu beigetragen hat, sein Land gegen den Nationalsozialismus zu verteidigen, wird nun unerbittlich bestraft. Der Richter lässt ihm die Wahl zwischen einer Gefängnisstrafe oder einer Chemotherapie mit Östrogen, die seine homosexuellen Neigungen unterdrücken soll. Alan Turing entscheidet sich für die Therapie. In der Universitätsklinik von Manchester wird ihm ein Hormonpräparat in den Oberschenkel implantiert.

Der zwanzigjährige Dieb wird freigesprochen.

Nach der Verurteilung ändert sich zunächst nichts, Alan Turing hat weiterhin seinen Lehrstuhl inne, er ist geachtetes Mitglied der Royal Society, und auch die nicht sehr zimperliche Presse Manchesters verhält sich fair. Ob die Hormonbehandlung Auswirkungen auf Alans Liebesleben gehabt hat, wissen wir nicht, es ist aber bekannt, dass er sich das Hormonpräparat bereits nach einem Jahr entfernen ließ, da er unter anderem an Depressionen litt.

Nach einer gewissen Zeit scheint sich die Situation dann wieder etwas zu beruhigen, bis die durch den US-Senator McCarthey angezettelte Kommunisten- und Schwulenhetze in den Vereinigten Staaten direkte Auswirkungen auch in England zeitigt: Wer schwul ist, darf kein Geheimnisträger sein – und Alan ist Geheimnisträger.

Für Alan Turing ist es jedoch wesentlich, seine sexuelle Neigung frei leben zu können, zudem vermisst er die öffentliche Anerkennung seiner Leistung, die England letztlich vor der Niederlage bewahrt hat. Er sieht keine Perspektive mehr.

Um freiwillig aus dem Leben zu scheiden, legt sich Alan Turing am Nachmittag des 7. Juni 1954 auf sein Bett. Er beißt in einen Apfel, den er zuvor mit Zyankali präpariert hat, und bereitet seinem Leben ein Ende. Der vergiftete Apfel war ein Tribut an seine Lieblingszeilen aus »Schneewittchen«: »Tunk den Apfel ins Gebräu,/lass den stillen Tod herbei.«

Es dauert bis zum 24. Dezember 2013, bis Königin Elisabeth II. Alan Turing rehabilitiert und England endlich seine großen Verdienste um das Heimatland würdigt.

Tennessee Williams – Endstation New York

Wer den Namen Tennessee Williams hört, spürt den schwermütigen Rhythmus des amerikanischen Südens. Die Schauplätze seiner teilweise autobiographischen Stücke sind durchweg dort angesiedelt, im Delta des Mississippi und in New Orleans.

Auch für den kleinen Thomas Lanier Williams, der gemeinsam mit seinem Bruder Walter und seiner Schwester Rose in Columbus, Mississippi, aufwächst, gilt: Im Leben scheint nicht immer die Sonne. Der Vater zieht als Schuhverkäufer durchs Land, wenn er zu Hause ist, prügelt er. Die Mutter, Edwina Williams, kommt aus einer verarmten Südstaatenfamilie, ihr Vater Walter Dakin ist in Clarksdale ein anerkannter Mann. Der kleine Thomas sucht, wann immer er kann, Schutz bei seinem Großvater. Er kopiert dessen schweren Südstaaten-Slang, weswegen ihn seine College-Freunde später »Tennessee« nennen.

Bis zu seinem ersten Erfolg »Die Glasmenagerie« aus dem Jahr 1944 plagen ihn immer wieder Geldsorgen und Depressionen, beides »behandelt« er mit viel Alkohol und Drogen. Auch seine späteren Erfolge »Endstation Sehnsucht«, für das ihm der Pulitzer-Preis verliehen wird, »Die tätowierte Rose«, für das er den Tony Award für das beste Schauspiel erhält, sowie das Südstaatendrama »Die Katze auf dem heißen Blechdach«, das ebenfalls mit dem Pulitzer-Preis ausgezeichnet wird, können ihn nicht von seinen depressiven Stimmungen befreien.

Der Dramatiker steht zeit seines Lebens am Rand der Gesellschaft, er ist einer dieser nicht gesellschaftsfähigen Outlaws, die schnell die Kontrolle verlieren und gewalttätig werden, die mit ihrem Schicksal hadern und im Alkohol Trost suchen. Es gibt für Williams immer einen Grund zu trinken, als Schwuler hat er zu Beginn des 20. Jahrhunderts nichts zu lachen, dennoch bekennt er sich öffentlich zu seiner Homosexualität. 15 Jahre lang hat er eine feste Beziehung, doch als sein Lebensgefährte an Krebs stirbt, stürzt Tennessee in ein seelisches Tief.

In Rom sucht Williams Ruhe, aber schließlich kehrt er zurück nach New York. Im Februar 1983 lässt ein eisiger Winter alles erstarren. Den 71-Jährigen plagt eine schwere Erkältung. Alkohol ist für den Dramatiker auch bei Schnupfen ein probates Mittel. Möglicherweise hat er das eine oder andere Gläschen intus, als er zum Nasenspray greift, Verschluss und Fläschchen hält er in der Hand und legt den Kopf nach hinten. Schon etwas befreit von dem ätherischen Duft des Sprays atmet er tief ein, den Mund ein wenig geöffnet; mit seinem Atem saugt er den Deckel ein, der seiner Hand entglitten ist. Der Verschluss plumpst direkt in die Luftröhre, der normale Würgereflex versagt offensichtlich. Für Tennessee Williams gibt es keine Rettung. So stirbt einer der berühmtesten Dramatiker der Vereinigten Staaten, weil er den Deckel seines Nasensprays verschluckte ...

10.
Schicksalhafte Wendungen

Aischylos – Von oben nichts Gutes

Der Dichter Aischylos kommt 525 v. Chr. als Sohn eines Tempelbeamten in Eleusis bei Athen zur Welt. Als Bürger dieser Stadt ist er später stolz darauf, dass er in den Schlachten von Marathon und Salamis mitgekämpft hat. Die Perserkriege sind etwas Besonderes, schließlich muss sich die zahlenmäßig weit unterlegene Bürgerschaft von Athen sogar in einer Seeschlacht gegen die überlegenen Eroberer wehren. Dabei ist Athen zu der Zeit keine Seemacht, weshalb erst eine Flotte aufgebaut werden muss. Kein Wunder, dass der Sieg gegen diese Übermacht Aischylos aufwühlt und ihn im Alter von vierzig Jahren zum Dichter macht, indem er die kriegerischen Auseinandersetzungen in seiner ersten Tragödie mit Titel »Die Perser« verarbeitet.

Das Stück ist so erfolgreich, dass ihn der Tyrann von Syrakus, Hieron, nach Sizilien einlädt. Danach, wieder zurück in Athen, unterliegt Aischylos im Wettkampf der Dichter dem jungen Sophokles, der neben Euripides und ihm selbst als einer der drei großen Dichter der griechischen Tragödie gilt.

Aischylos hat insgesamt neunzig Stücke geschrieben, von denen aber nur drei überliefert sind, wobei seine »Orestie«, eine Tragödie in drei Teilen, das bekannteste ist. Bei den antiken Festspielen von Athen, den Dionysien, wird die »Orestie«, eine Geschichte von Rache und Vergeltung, 458 v. Chr. uraufgeführt und Aischylos abschließend zum Sieger gekürt.

Als echter Athener, der mit der griechischen Mythologie selbstverständlich vertraut war, glaubte Aischylos an die Weissagungen des Orakels von Delphi. Ob er die Kultstätte allerdings je besucht hat, das ist, wie so vieles aus seinem Leben, nicht überliefert.

Angeblich soll ihm jedoch prophezeit worden sein, dass er sich vor herabfallenden Gegenständen hüten solle: Der Dichter achtet deshalb stets darauf, auch wenn er in der Natur Inspiration sucht, morgens, wenn es noch nicht so heiß ist. Bei einem erneuten Aufenthalt in Sizilien wandert er vor die Tore der Stadt Gela, setzt sich ans Ufer und blickt aufs Meer ...

Raubvögel haben eine besondere Technik entwickelt, um hartschalige Beute zu öffnen; sie lassen sie aus großer Höhe auf einen harten Untergrund fallen, um die Schale zu knacken. Krähen beispielsweise steigen bis zu dreißig Metern auf, um eine Walnuss auf den Asphalt fallen zu lassen, so dass sie zerbricht. Die abgeworfenen »Opfer« von Möwen, Krähen und anderen kleineren Greifvögeln sind meist Muscheln oder Schnecken, ein Steinadler wirft jedoch auch schon mal größere Beute ab.

Als Aischylos im Jahr 456 v. Chr. bei Gela in der Sonne döst, denkt er sicher nicht an die Warnung vor herabfallenden Gegenständen. Doch in luftiger Höhe fliegt ein Adler über ihn hinweg. Möglicherweise hält der Vogel den glänzenden, kahlen Schädel des Dichters für einen Stein, jedenfalls öffnet er seine Klauen und lässt seine Beute, eine Schildkröte, fallen, um sie zu zerschmettern. Die abgeworfene Schildkröte trifft das Ziel genau, doch nicht der harte Panzer der Schildkröte zerbricht, sondern der Dichter Aischylos wird durch den Aufprall auf der Stelle getötet.

Dan Andersson – Ungezieferbekämpfung

Die Familie von Dan Andersson war nicht reich. Der Vater verdingte sich als Grundschullehrer im schwedischen Skattlösberg, wo Dan am 6. April 1888 geboren wurde. Schulisches Grundwissen wurde ihm von seinem Vater vermittelt, seine weitere Bildung erarbeitete sich Dan als Autodidakt.

Im Alter von gerade einmal 14 Jahren schickte ihn sein Vater dann zu Verwandten nach Amerika, um festzustellen, ob es sich lohne, nach Übersee auszuwandern. Die wirtschaftliche Situation in Schweden war miserabel. Dan kehrte jedoch bereits im selben Jahr kurz vor Weihnachten zurück, und seine Schilderungen zerstörten alle Hoffnungen darauf, jenseits des Atlantiks ein besseres Leben zu finden.

Nachdem Amerika offenbar keine Option für die Zukunft bot, gab der Vater Dan Anderssons seinen Lehrerberuf in Skattlösberg auf, und die Familie zog ins südschwedische Martenstorp, um in dem umliegenden Waldgebiet Holzkohle herzustellen. Doch das Unternehmen scheiterte, obwohl die ganze Familie Schwerstarbeit leistete. Dan allerdings hatte zwischenzeitlich begonnen, Gedichte zu schreiben, die 1915 veröffentlicht wurden und seinen Ruf als Arbeiterpoet begründeten. In seinen Gedichten schildert er den menschlichen Existenzkampf in einer erbarmungslosen Welt.

Nach seiner erfolgreichen Übersetzung der Werke von Charles Baudelaire und Rudyard Kipling ins Schwedische bekommt Dan Andersson eine Stelle bei der sozialdemokratischen Zeitung *Ny Tid* in Göteborg angeboten.

Am 16. September 1920 fährt Andersson nach Stockholm, um sich bei der Zeitung *Social-Demokraten* vorzustellen. Da er bereits einen Tag vor seinem Vorstellungsgespräch angereist ist, quartiert er sich im Hotel Hellman ein.

Sein Zimmer war zuvor mit einer großen Menge Cyanwasserstoff (Blausäure) zur Bekämpfung von Bettwanzen behandelt worden. Unglücklicherweise hatten die Hotelangestellten das Zimmer im Anschluss jedoch nicht wie vorgeschrieben gelüftet. Der charakteristische Bittermandel-Geruch wird von den meisten Menschen wahrgenommen, es gibt jedoch genetisch bedingt Ausnahmen, die den Geruch von Blausäure nicht erkennen. Wahrscheinlich war das bei Dan Andersson der Fall, arglos atmete er jedenfalls eine tödliche Dosis ein, wurde ohnmächtig und starb.

Archimedes – Kurzer Prozess

Lange bevor die Familien der Mafia die heimlichen Herrscher Siziliens wurden, zog hier der kluge König Hieron II. die Fäden. Die Herrschaft hatte er durch einen Staatsstreich an sich gerissen. In dieser Ausgangslage empfahl es sich, die Götter freundlich zu stimmen. Also gedachte der König, ein Opfer ganz aus Gold in den Tempel zu bringen.

Der beste Goldschmied des Ortes fertigt das Kleinod an, im Rahmen einer feierlichen Zeremonie erhält es in den heiligen Hallen einen Ehrenplatz. Obwohl der Kultgegenstand in goldenem Glanz strahlt, will allerdings das Gerücht nicht verstummen, der Goldschmied sei ein Betrüger und habe aus Gewinnsucht Silber unters Gold gemischt. Für den angeblichen Betrug gibt es keine Zeugen. Der ganze Hofstaat grübelt und grübelt, doch das Problem einer Materialprüfung ist nicht zu lösen. Schließlich wendet sich König Hieron an seinen besten Mann, den berühmten Mathematiker Archimedes.

Wie alle Griechen schätzt auch Archimedes die wohltuende Wirkung eines Wannenbades. Als er eines Tages ins Wasser steigt, bemerkt er beim Eintauchen, dass viel Wasser über den Rand der vollen Wanne fließt – das ist es. Der Mathematiker springt aus der Wanne und rennt halbnackt auf die Straße. »Heureka!«, ruft er, »Heureka!«, was griechisch ist und so viel heißt wie »Ich hab's gefunden!« Nachdem er sich etwas beruhigt hat, beginnt die systematische Beweisführung: Er vergleicht die überlaufende Wassermenge gleich großer verschiedener Metalle und kann so ihr Volumen bestimmen. Seine Entdeckung Masse geteilt durch Volumen, das spezifische Gewicht, ermöglicht es Archimedes, nachzuweisen, dass Hierons angeblich »goldenes« Gold gar nicht so golden war.

Diese Geschichte ist zwar nur eine Legende, denn über das Leben von Archimedes ist wenig bekannt. Zweifellos war er aber einer der größten Mathematiker aller Zeiten. Vor allem seine Errechnung der Kreiszahl Pi ist jedem Schüler bekannt. Fest steht auch, dass er den größten Teil seines Lebens auf Sizilien verbracht hat. Während der Belagerung seiner Heimatstadt Syrakus durch die Römer entwickelte er mehrere Kriegsmaschinen, wie Hohlspiegel und Wurfmaschinen, und verzögerte damit die Einnahme der Stadt um zwei Jahre, letztlich konnte er ihren Fall jedoch nicht verhindern.

Als die Römer Syrakus schließlich einnehmen, ist Archimedes wie üblich tief in mathematische Betrachtungen versunken. Zu diesem Zweck hat er geometrische Figuren in den Sand vor seinem Haus gezeichnet. Als ein römischer Soldat, der möglicherweise den Auftrag hat, den Mathematiker gefangen zu nehmen, achtlos in die Konstruktionszeichnungen tritt, herrscht ihn Archimedes an: »Störe meine Kreise nicht!«

Es sind seine letzten Worte, der Soldat gerät offenbar so in Rage, dass er sein Schwert zieht und den 75 Jahre alten Mann kurzerhand erschlägt.

Mustafa Kemal Atatürk – Der indische Paravent

Die Suite mit der Nummer 101 des Istanbuler Luxushotels Peta Palas gehört zu den türkischen Kultorten. Hier hat der seit 1934 als »Vater der Türken« verehrte Staatsgründer Mustafa Kemal oft residiert. In Erinnerung an den großen Staatsmann ist das Appartement unverändert geblieben, weshalb hier immer noch ein Mitbringsel von einer seiner sehr seltenen Auslandsreisen steht, ein mit einer kostbaren Stickerei verzierter Paravent aus Indien.

Mustafa Kemal wird 1881 in Saloniki (heute Thessaloniki) geboren. Der Vater, Ali Riza Efendi, ist Zollbeamter. Er plant für seinen Sohn eine Ausbildung zum Kaufmann. Doch zunächst setzt sich Mutter Zübeyde durch, die ihren Sohn auf eine Koranschule schickt, soll er doch später einen geistlichen Beruf ausüben. Als Atatürk allerdings eines Tages einen Nachbarjungen in der eleganten Uniform der Militärschule sieht, ruht er nicht, bis auch er eine militärische Laufbahn einschlagen darf. Er besucht die Kadettenschule in Manastir, die Infanterieklasse der Militärakademie von Istanbul schließt er später als Hauptmann im Generalstab ab. Atatürk kämpft im türkisch-italienischen sowie in den Balkankriegen von 1912/13. Mit dem Ziel, die Sultane zu entmachten, gründet er seine eigene »Volkspartei«; schließlich wird er 1923 der erste Präsident der Türkischen Republik.

Sogleich nimmt Mustafa Kemal Atatürk ein gewaltiges Reformwerk in Angriff. Der radikale Umbruch, verbunden mit einer deutlichen West-Orientierung, ist eine Zumutung für seine Landsleute: Eingeführt werden die Einehe, die allgemeine Schulpflicht, das lateinische Alphabet, der gregorianische Kalender, die Sonntagsruhe. Abgeschafft werden das arabische Alphabet, die mohammedanische Zeitrechnung, die Freitagsruhe, die muslimischen Religionsseminare, die Derwisch-Orden. Den Männern verbietet er das Tragen des traditionellen Fezes, den Frauen den Gesichtsschleier. Die Stellung der Frau wird deutlich gestärkt, sie erhalten das Wahlrecht.

Es ist allerdings nicht leicht, die Mentalität seiner Landsleute in kurzer Zeit so radikal umzukrempeln, die Widerstände sind groß. Oft arbeitet Atatürk die ganze Nacht, bevor er sich dann frühmorgens auf sein Pferd schwingt, um neue Kräfte für den Tag zu sammeln. Er ist eben nicht nur ein Arbeitstier, sondern treibt geradezu Schindluder mit seiner Gesundheit. Seine Leidenschaft für den hochprozentigen türkischen Anisschnaps Raki bringt ihm schließlich eine Leberzirrhose ein.

Trotz seiner angeschlagenen Gesundheit begibt sich der 56-jährige dann auf eine anstrengende Reise in den Süden der Türkei, Hunderte von Kilometern geht es über holprige Straßen. Als er am 26. Mai 1938 zurückkehrt, ist er so erschöpft, dass die Ärzte einen Umzug von Ankara in das »gesündere« Istanbul verordnen. Doch sein Gesundheitszustand verschlechtert sich von Monat zu Monat. Am Morgen des 10. November 1938 um 9:07 Uhr stirbt Mustafa Kemal, genannt Atatürk – »Vater der Türken«.

Bereits im September zuvor hatte er sein Testament gemacht. Erben werden seine leibliche Schwester Makbule, seine Adoptivtöchter sowie die Kinder seines designierten Nachfolgers Ismet Inönü. Sein Landhaus in Tschankaya vermacht er dem Staat. Der größte Teil seines Vermögens geht zu gleichen Teilen an die Türkische Historische Gesellschaft und den türkischen Linguistenverband.

Zu diesem Vermögen zählt auch der indische Paravent: Während eines Staatsbesuchs in Indien im Jahr 1926 hatte ein Verehrer Atatürk den Paravent zum Geschenk gemacht. Die aus edlen Hölzern kunstvoll gefertigte spanische Wand ist mit einem zartseidenen Überzug bespannt. Mit Goldfäden und Pailletten sind auf diesen Überzug elf Elefanten gestickt, zehn Kerzenleuchter und eine kleine Uhr, deren Zeiger auf 9:07 Uhr stehen.

In fernöstlicher Symbolik ist hier das Sterbedatum des Beschenkten festgehalten: Die Elefanten stehen für den Monat November, die Kerzenleuchter für den Tag, den Zehnten, die Uhrzeiger bedürfen keiner Deutung. Es ist exakt die Todesstunde Atatürks: 10. November, 9:07 Uhr! An das Prinzip aller Wahrsager, keinen Todeskandidaten über seine restliche Lebenszeit zu informieren, hat sich auch der unbekannte indische Prophet gehalten, er hat das Jahr nicht genannt. Zwölf Jahre nach Entgegennahme des Paravents hat sich dessen eingestickte Botschaft erfüllt – und zwar auf die Minute genau.

Johann Sebastian Bach – Tödlicher Starstich

Die Musik des Thomaskantors Johann Sebastian Bach gilt heute als Krone und Vollendung des Spätbarocks. Für seine Zeitgenossen war er jedoch kein Superstar. Um im 17. Jahrhundert als Top-Tonkünstler anerkannt zu werden, musste man so sein wie Georg Friedrich Händel, der zuerst in Italien – auch mit seiner Oper – für Furore gesorgt hatte und dann in London mit seiner Musik viel Geld verdiente. Im Gegensatz zu Händel war Bach jedoch absolut heimatverbunden, sein Lebensradius beschränkte sich auf Thüringen und Sachsen.

Über das private Leben von Johann Sebastian Bach ist nur wenig bekannt. Er wird am 21. März 1685 in Eisenach geboren und gilt als schwieriger Zeitgenosse. Bach heiratet zweimal und ist Vater von nicht weniger als 20 Kindern. Ein tiefer christlicher Glaube sowie die eigene Überzeugung, ein Genie zu sein, sind Quelle für seine unerschöpfliche Energie. Er ist ein wahres Arbeitstier. Sein Werk umfasst 1128 Kantaten, Präludien, Messen und Choräle, Fragmente und verschollene Musikstücke gar nicht mitgerechnet. Seine Schaffenskraft verdankt er zudem einer lebenslangen robusten Gesundheit. Zwar stört ihn seine Kurzsichtigkeit, aber dieses Problem wird mit einer Brille behoben. Gleichwohl hängt sein Tod letztlich mit seinem eingeschränkten Sehvermögen zusammen.

Bach hat gerade seinen 64. Geburtstag gefeiert, als er einen Arzt aufsucht, weil er immer schlechter sehen kann. Die Diagnose ist niederschmetternd: grauer Star, eine Trübung der Augenlinse, die zur allmählichen Erblindung führt. Für Bach eine unerträgliche Vorstellung. Seine Arbeit an der »Kunst der Fuge« ist in Gefahr, er will sie jedoch unbedingt fertigstellen. Hier soll für alle hörbar werden, auf welch kunstvolle und vielfältige Weise ein Thema in Form einer Fuge verarbeitet und variiert werden kann. Sie soll die Krönung seiner kompositorischen Arbeit werden. Es fehlt nur noch die Vollendung der Tonfolge B-A-C-H, doch die Arbeit wird immer beschwerlicher. Sein Sehvermögen wird zusehends schwächer, und kein Arzt in Leipzig kann ihm helfen.

Unerwartet keimt dann aber Hoffnung auf. Im März 1750 kündigt der berühmte englische Ophthalmologe John Taylor seinen Besuch in Leipzig an. Taylor eilt der Ruf eines wahren Wunderdoktors voraus. Er ist Spezialist für die Heilung des grauen Stares. Mit seiner Methode, mit einer scharf geschliffenen Metallnadel ins Auge zu stechen, um die Trübung zu beseitigen, hat er bisher offenbar Erfolg gehabt. Schließlich hat der selbsternannte »Chevalier« beste Referenzen, unter anderem vom englischen König Georg I. und dem Papst.

Als Bach von dem Arzt hört, schöpft er neuen Mut. Erster Höhepunkt von Taylors Besuch vor Ort ist ein öffentlicher Auftritt, bei dem er seine Behandlungsmethode, den sogenannten Starstich, spektakulär darstellt. Auch Bach ist im Restaurant »Drei Schwanen« gewesen und hat den Ausführungen des Engländers genau zugehört. Schließlich ist er vom Erfolg dieser Prozedur so überzeugt, dass er sich entschließt, Taylor um den Eingriff zu bitten.

Ein erster Stich erfolgt am 30. März 1750, ein zweiter ungefähr sieben Tage später. Danach wird das Auge für fast drei Monate verbunden. Am 18. Juli 1750 nimmt Johann Sebastian Bach die Augenklappe ab. Der englische Augenarzt John Taylor hat zwischenzeitlich, wenig verwunderlich, die Stätte seines Wirkens bereits verlassen.

Entsetzt berichtet Bachs Sohn Carl Philipp über den Zustand seines Vaters: »Er konnte nicht nur sein Gesicht nicht wieder brauchen: sondern sein im übrigen überaus gesunder Cörper wurde auch zugleich dadurch und durch hinzugefügte schädliche Medikamente, und Nebendinge, gänzlich über den Haufen geworfen.«

Es sind die sogenannten »Nebendinge«, die den Wunderheiler John Taylor als veritablen Quacksalber entlarven. Nach dem eigentlichen Stich wird eine unglaubliche Nachbehandlung durchgeführt. Was genau der Scharlatan seinem Patienten Bach verschrieben hat, ist nicht überliefert. Bekannt ist allerdings, dass er nach einem Eingriff seinen Patienten das Blut einer frisch geschlachteten Taube ins Auge träufelte. Danach wurden, um die Heilung beeinträchtigende böse Säfte und Schlacke auszuleiten, Abführmittel verabreicht und Aderlässe durchgeführt. Es ist davon auszugehen, dass eine derartige Therapie die ohnehin erschöpften Patienten noch zusätzlich schwächte.

Damit aber nicht genug, ritzte Taylor in der Nähe des operierten Auges zudem eine künstliche Wunde ein, auf die er Wurzeln und Vogelkot aufbrachte, bevor er sie mit einem Verband abdichtete. Zwar gibt es auch heute Menschen, die an eine positive Wirkung von Vogelkot glauben, bei Bach aber entwickelte sich eine schleichende Infektion, deren Ausbreitung letztlich zu einer Sepsis führte. Zehn Tage, nachdem die Augenbinde abgenommen worden war, berichtete Sohn Carl Philipp: »Allein wenige Stunden darauf, wurde er von einem Schlagflusse überfallen; auf diesen erfolgte ein hitziges Fieber, an welchem er, am 28. Julius 1750, sanft und seelig verschied.«

Die letzte Fuge blieb unvollendet.

Claude François – Stromschlag

»Cloclo« nennen die Franzosen liebevoll ihren populären Komponisten, Chansonnier und Musikproduzenten Claude François. In den 1960er und 1970er Jahren gehört er zu den Topkünstlern Frankreichs, der nicht nur das Chanson, sondern auch den Rock 'n' Roll populär macht.

Seine erste Nummer eins in den Musikcharts ist im Jahr 1962 das Lied »Belles, Belles, Belles«, danach gehört »Cloclo« für über 15 Jahre zu den beliebtesten und erfolgreichsten Sängern Frankreichs.

1976 entschließt er sich dazu, seine Fanbasis auch auf England auszudehnen. Und tatsächlich: Seine Titel haben auch in englischer Sprache Erfolg, abgesehen von ihm gelingt es nur dem französischen Präsidenten de Gaulle, die Londoner Royal Albert Hall bis auf den letzten Platz zu füllen.

Das nächste Ziel des Stars sind dann die USA. Eine amerikanische Freundin hat er bereits. Mit der verbringt er am 11. März 1978 den Nachmittag in seinem Appartement in Paris. François hat gegen Abend noch einen Termin in einem Tonstudio. Um sich frischzumachen, geht er wie üblich zuvor noch ins Bad. Nachdem er geduscht hat, sieht er, dass die Glühbirne in der Lampe über der Duschwanne defekt ist. Immer noch mit den Füßen im Wasser, greift er nach oben, um sie herauszudrehen. Ein tödlicher Leichtsinn des Hobby-Elektrikers, denn kaum hat er die Fassung berührt, ist es schon zu spät, alle Bemühungen, den Sänger wiederzubeleben, scheitern.

Claude François hinterlässt nicht nur Hunderte Chansons, sondern auch einen veritablen Welthit: »My Way«. Das Lied mit dem Titel »Comme d'habitude« hat er Ende der

6oer Jahre geschrieben; Anlass war sein Liebeskummer wegen der jungen Sängerin France Gall. Später übertrug Paul Anka das Chanson ins Englische, wo es, in der Interpretation von Frank Sinatra, zum Welthit wurde.

Heute gibt es in Paris einen kleinen Platz in der Nähe des Appartements, in dem der Chansonnier starb: die Place Claude François.

Maximilian von Mexiko – Tragödie eines Kaisers

Ferdinand Maximilian, geboren 1832 in Wien, war der zwei Jahre jüngere Bruder des österreichischen Kaisers Franz Josef II. Maximilian ist liberal und lebenslustig, ganz anders als der erzkonservative österreichische Kaiser. Er regiert als Gouverneur von Lombardo-Venetien, bis Österreich das Gebiet im Krieg verliert. Von seinem missgünstigen Bruder politisch ins Abseits gedrängt, zieht sich der romantisch veranlagte Maximilian mit seiner Frau Charlotte von Belgien auf sein Märchenschloss Miramar in der Nähe von Triest zurück.

Anfang der 1860er Jahre ergibt sich dann unerwartet die Möglichkeit, aus dem Schatten des Bruders zu treten. Auf Initiative des französischen Kaisers Napoleon III., der aus geldpolitischen Gründen in Mexiko militärisch intervenierte, wird ihm die Kaiserkrone Mexikos angeboten. Zunächst zögert der Habsburger, schließlich ist allgemein bekannt, dass Mexiko ein gefährliches Pflaster ist. Ganz anders seine Frau Charlotte, sie berauscht sich an der Vorstellung, Mexikos Krone zu tragen; letztlich überzeugt sie Maximilian, das mexikanische Abenteuer zu wagen.

Euphorisch feiert die europäische Presse Maximilians und Charlottes Landung in Veracruz am 28. Mai 1864. Die Mexikaner hingegen zeigen sich weniger begeistert. Anstatt einer Ehrengarde beäugt nur finsteres Gesindel argwöhnisch das fremde Herrscherpaar. Auch in Mexiko-Stadt ist am 12. Juli 1864 der Jubel eher gedämpft. Maximilian dämmert, dass sein Kaiserreich ein riesiges Luftschloss werden könnte.

Benito Juárez, der 1863 von den Franzosen verjagte Präsident Mexikos, wird von der Bevölkerung immer noch verehrt. Es war durchaus im Sinne der mexikanischen Bevölkerung, als Juárez die Begleichung der immensen Staatsschulden an Frankreich einstellte. Weil Napoleon III. jedoch nicht auf sein Geld verzichten wollte, kam es zu einer militärischen Auseinandersetzung. Die Franzosen siegten, und die mexikanischen Zahlungen sollte ein europäischer Fürst an der Spitze Mexikos sicherstellen. Doch nun sitzt der neue Kaiser Maximilian I. weitgehend isoliert im Palast von Chapultepec.

Die weltpolitische Lage verschärft sich zusehends. Die USA beobachten argwöhnisch die europäischen Machtspiele an ihrer Grenze. Zermürbt vom Guerillakampf ziehen die Franzosen im Februar 1867 ab. Kaiser Maximilian ist nun allein mit ein paar einheimischen Regimentern und seiner Leibgarde. Das ist die Stunde von Benito Juárez, der mit seinen Anhängern wieder in die Hauptstadt einzieht. Im Mai 1867 wird Maximilian im kaiserlichen Hauptquartier in Santiago de Querétaro gefangen genommen. Ein inszenierter Militärprozess endet mit dem Todesurteil. Seine Frau Charlotte befindet sich derweil in Europa, um militärische Hilfe zu organisieren. Als sie später vom Geschehen in Mexiko erfährt, wird sie wahnsinnig.

Am 19. Juni 1867 treten die Soldaten des Hinrichtungskommandos an, Maximilian gibt jedem eine Goldmünze mit der Bitte, genau zu zielen, um ihn nicht zu entstellen. Der Kommandeur senkt seinen Degen, die Salve kracht, der Kaiser fällt von Kugeln durchbohrt langsam rückwärts. Aber er ist noch nicht tot, er bewegt Augen und Arme, kann aber nicht mehr sprechen. Ein Geistlicher besprengt den zuckenden Körper mit Weihwasser, dann endlich erlöst ein Soldat den mexikanischen Kaiser Maximilian I. mit einem Schuss direkt ins Herz. Der Habsburger war noch keine 35 Jahre alt.

In Europa ist man entsetzt über das brutale Vorgehen der Mexikaner. Man bittet darum, die sterblichen Überreste der Familie zu überlassen. Der Leichnam ist allerdings in einem erbärmlichen Zustand. Die Einbalsamierung war von den mexikanischen Ärzten sehr dilettantisch durchgeführt worden. Das Gesicht Maximilians ist schwarz angelaufen und fast nicht mehr zu erkennen. An seinem prächtigen Backenbart haben sich offenbar Souvenirjäger schamlos bedient. Ein makabres Detail sind die schwarzen Glasaugen, die man dem blauäugigen Mann eingesetzt hat. Die Leiche wird so in einen Zinksarg gelegt und nach Europa verschifft.

Am 12. November 1867 trifft der Sarg in Österreich ein. Um die Echtheit der Leiche zu bestätigen, wird entsprechend dem kaiserlichen Protokoll der Sarg erneut geöffnet. Alle Anwesenden bestätigen, dass es sich um die sterblichen Überreste von Kaiser Maximilian von Mexiko handelt. Als jedoch seine Mutter, Erzherzogin Sophie, das entstellte Gesicht sieht, ruft sie entsetzt: »Das ist nicht mein Sohn!«

Wenn nach Aussage der Mutter Kaiser Maximilian jedoch nicht im Sarg lag, könnte er wohl überlebt haben, seine Hinrichtung wäre dann nur eine Inszenierung gewesen. Wenig später jedenfalls soll in El Salvador ein gewisser Juso Armas aufgetaucht sein. Helle Augen, süddeutscher Akzent, Rauschebart und europäische Manieren. In seinem Besitz befand sich Geschirr mit den kaiserlichen Insignien. Seither ist der unglückliche Habsburger Dauergast in der Gerüchteküche …

Rasputin – Vergiftet, erschossen, ertrunken

Es ist kurz vor Mitternacht in Sankt Petersburg, als eine Kutsche vor der Hausnummer 64 in der Gorochovaia-Straße vorfährt, um Grigorij Jefimowitsch Rasputin, einen Vertrauten der Zarenfamilie, abzuholen. Rasputin wartet bereits. Der sibirische Bauernsohn mit den stechend blauen Augen, den langen dunklen Haaren und dem zotteligen Bart hat sich feingemacht. Unter seinem warmen Pelzmantel trägt er Samthosen, ein mit Blumen besticktes Seidenhemd und hohe glänzende Stiefel. Er folgt einer Einladung von Fürst Felix Jussupow, um endlich dessen attraktive Frau Irina kennenzulernen. Doch der wahre Grund der Einladung ist ein anderer. Der Fürst und einige Mitverschwörer wollen Rasputin ermorden.

Im Jahre 1916 entwickelt sich der Krieg gegen Deutschland immer schlechter für Russland, weshalb die Bevölkerung ständig unzufriedener wird. Viele Adlige machen Rasputin für das Elend des Landes verantwortlich. Argwöhnisch beobachtet man den Einfluss des dubiosen Propheten auf die Zarenfamilie. Man munkelt sogar über ein gemeinsames Komplott von Zarin Alexandra und Rasputin mit den Deutschen. Der wahre Grund für die Gunst der Zarenfamilie ist allerdings die Heilung des an der Bluterkrankheit leidenden Zarewitsch Alexei. Die Ärzte hatten im Herbst 1909 den jungen Zarewitsch nach einer Blutvergiftung schon aufgegeben, doch der herbeigerufene Rasputin, der sich selbst »Starez«, Bettelmönch, nennt, segnet das Zimmer, murmelt Gebete, und der Junge wird gesund. Seit diesem Tag sieht die Zarin den Wunderheiler als Gottgesandten, und Rasputin wird am Zarenhof unentbehrlich.

Als im November 1916 in der Duma der Streit um Rasputin eskaliert, greifen Abgeordnete der Rechten den Zaren und die »deutsche« Zarin massiv an. Man befürchtet, dass durch die finsteren Kräfte Rasputins die Existenz des Reiches bedroht ist.

Im Moika-Palast von Fürst Felix Jussupow angekommen, wird Rasputin in ein Kellerzimmer geführt. Von oben hört man laute Musik. Jussupow erklärt dem nichtsahnenden Rasputin, dass Prinzessin Irina gerade ein Fest feiere und ihn etwas später empfangen werde. Doch statt des Empfangs bei der Dame des Hauses haben die Verschwörer in dem mit Kruzifix und Bärenfell ausgestatteten Keller Wein und Petits vorbereitet – alles mit Zyankali vergiftet. Zum Entsetzen seines Gastgebers lehnt Rasputin indes das angebotene Giftgebäck und den vergifteten Wein ab. Später greift der Gast dann aber doch noch zu, er trinkt und isst, klagt anschließend über etwas Sodbrennen – stirbt aber nicht.

Fürst Jussupow ist ratlos; unter einem Vorwand verlässt er den Raum. Als er zurückkehrt, trägt er eine Browning-Pistole unter seiner Jacke. Rasputin hat mittlerweile das Warten satt, er will mit seinem Gastgeber ein Lokal aufsuchen. Während er aufsteht und sich vom Fürsten abwendet, zieht Jussupow die Browning und schießt Rasputin in den Rücken. Die sofort herbeigeeilten Mitverschwörer, der junge Großfürst Dimitrij sowie Wladimir Purischkewitsch, der rechtsextreme Abgeordnete der Duma, stellen den Tod Rasputins fest. Erleichtert verlassen alle den Raum und löschen das Licht.

Als Jussupow etwas später ins Mordzimmer zurückkehrt und sich über die Leiche beugt, öffnet Rasputin plötzlich die Augen, packt den Attentäter an den Schultern und brüllt: »Felix, Felix, ich werde der Zarin alles erzählen!« Mit aller Kraft reißt sich der Fürst los und flieht. Auch Rasputin rennt in den Hof hinaus, gefolgt von Purischkewitsch, der ihn erneut mit zwei Schüssen niederstreckt. Diesmal wollen die Mörder sichergehen. Der »Starez« wird in seinen Pelzmantel gewickelt und in die Newa geworfen.

Am Morgen des 30. Dezember 1916 wird Grigorij Rasputin im Treibeis des Flusses gefunden. Die Todesumstände und die Todesart sind bis heute ungeklärt. Der Verdacht liegt nahe, dass Rasputin vor seiner Ermordung noch gefoltert wurde, denn sein Gesicht ist entstellt, der Schädel eingedrückt, das rechte Auge ausgeschlagen. Auf den Mann war mehrfach geschossen worden, dennoch hatte er auch im Wasser noch gelebt und versucht, seine Fesseln abzustreifen.

Kondrati Rylejew – Nach Begnadigung gehängt

Der russische Dichter Kondrati Rylejew war einer der wichtigsten Anführer der adligen Revolutionäre des Sankt Petersburger Dezemberaufstands im Jahr 1825. Der Aufstand von Adel und Offizieren gegen die repressiv-autoritäre Herrschaft des russischen Monarchen Nikolaus I. wurde als Dekabristen-Aufstand bekannt. Der Name bezieht sich auf das russische Wort »dekabr« für Dezember, weswegen diese Revolutionäre im deutschsprachigen Raum auch als »Dezembristen« bekannt sind.

Rylejew wird am 29. September 1795 in Batowo, einem Dorf nicht weit von Sankt Petersburg, geboren. Standesgemäß wird der Sohn eines adligen Großgrundbesitzers mit sechs Jahren in eine Kadettenschule geschickt, die er 1814 im Rang eines Unteroffiziers verlässt. Eine Zeitlang arbeitet er am Gericht von Sankt Petersburg, danach wird er Sekretär einer russisch-amerikanischen Gesellschaft. Sein Hauptinteresse gilt der Literatur, er verkehrt in literarischen Kreisen, ist mit einigen gesellschaftskritischen Intellektuellen, darunter Alexander Puschkin, befreundet. Rylejew schreibt für mehrere Zeitschriften und veröffentlicht eigene patriotische Gedichte. 1823 tritt er der geheimen örtlichen Gesellschaft der Dekabristen bei und wird Mitherausgeber des illegal erscheinenden Almanachs »Der Polarstern«.

Nach dem Tod von Zar Alexander I. verlangen die Dekabristen von seinem designierten Nachfolger Nikolaus, auf den Thron zu verzichten. Am 14. Dezember 1825 putschen die Revolutionäre, ihr Aufstand wird jedoch niedergeschlagen. Nach dem Scheitern kommt Rylejew als Rädelsführer in Haft und wird am 13. Juli 1826 mit fünf weiteren führenden Aufständischen im Alter von 31 Jahren zum Tod durch den Strang verurteilt. Als sich die Falltür unter Rylejew öffnet, reißt das Seil, und der zum Tode Verurteilte plumpst in die Grube. Dies wird als Zeichen Gottes gedeutet, und Rylejew wird begnadigt.

Obwohl er dem Tod gerade von der Schippe gesprungen ist, verhöhnt er indes den Monarchen. Der Revolutionär macht sich über die russische Wirtschaft lustig, die unfähig sei, ein einfaches, belastbares Seil zu liefern. Diese Kritik findet Zar Nikolaus wiederum überhaupt nicht lustig, umgehend hebt er deshalb am 24. Juli 1826 die Begnadigung wieder auf, und Rylejew wird am Tag darauf ein zweites Mal gehängt, diesmal mit einem funktionierenden Seil.

Mark Twain – Der Halleysche Komet

Mark Twain war der berühmteste Schriftsteller seiner Zeit, und kein anderer ist mit dem großen amerikanischen Strom, dem Mississippi, so verbunden wie er. Geboren wird Mark Twain, der eigentlich Samuel Clemens heißt, im Jahre 1835 als eines von fünf Geschwistern in Florida, einem Dorf in Missouri. Später zieht die Familie in ein kleines Kaff am Mississippi, dessen Atmosphäre Mark Twain in unvergleichlicher Weise in seine Geschichten einfließen lässt.

Zunächst muss er allerdings im Alter von zwölf Jahren die Schule abbrechen. Er macht eine Lehre als Schriftsetzer, anschließend arbeitet er für das *Hannibal Journal* seines Bruders, für das er auch Glossen schreibt. Er darf ein erstes Mal nach New York und Philadelphia fahren, seine Eindrücke verarbeitet er in frühen Reiseberichten.

Sein Jugendtraum jedoch ist es, einmal Lotse auf dem Mississippi zu werden. 1857 erfüllt er sich diesen Wunsch; nach einer vierjährigen Ausbildung in St. Louis hat er seine Lizenz in der Tasche und arbeitet drei Jahre als Steuermann auf einem Mississippi-Dampfer. Dabei lernt er die Sprache der Flussschiffer und achtet darauf, unter dem Kiel stets zwei »Faden« Wasser zu haben, um nicht auf Grund zu laufen. Den Begriff »zwei Faden« – »Mark Twain« (d. h. Marke zwei) – macht er zu seinem Pseudonym.

Für kurze Zeit kämpft er dann für die Konföderierten im amerikanischen Bürgerkrieg, auf der Suche nach Reichtum schürft er in den Silberminen von Nevada. Sein wahres Talent ist jedoch die Erfindung von geistreichen Geschichten.

Mit der Veröffentlichung von »Tom Sawyer« und »Huckleberry Finn« verdient Mark Twain ein Vermögen, doch der Reichtum ist nur von kurzer Dauer; durch riskante Geschäfte ist das schöne Geld auch schon bald wieder futsch. Um seine Schulden wieder loszuwerden, geht Mark Twain auf Lesereise, auch ins Ausland. Durch die Schilderung seiner Erlebnisse in »Die Arglosen im Ausland«, die er auf seinem einjährigen Trip durch Australien, Neuseeland, Indien, Südafrika und Europa gesammelt hatte, wird Mark Twain zu einem der höchstbezahlten und auflagenstärksten Autoren seiner Zeit.

Privat gibt es herbe Schicksalsschläge im Leben von Mark Twain. Um seine Frau, die teilweise gelähmt ist, kümmert er sich bis zu ihrem Tod 1904; auch drei seiner vier Kinder muss er begraben. Nachdem 1909 bis auf seine Tochter Clara die ganze Familie tot und er selbst mittlerweile ein alter, grantiger Mann ist, hat Mark Twain am Leben keine richtige Freude mehr.

Als er mehr als 70 Jahre zuvor, am 30. November 1835 das Licht der Welt erblickte, war kurz vorher der alle 76 Jahre erscheinende Halleysche Komet am Himmel erschienen. Mit Blick auf die periodische Rückkehr des Kometen im Jahr 1910 wagte Mark Twain eine Prognose: »Ich kam auf die Welt mit dem Halleyschen Kometen. Er kommt im nächsten Jahr wieder, und es wäre die größte Enttäuschung meines Lebens, nicht mit ihm zu gehen. Der Allmächtige hat ohne Zweifel gesagt: Hier sind diese beiden komischen Käuze. Sie sind zusammen gekommen, sie müssen zusammen gehen.«

Und Mark Twain wurde nicht enttäuscht, er starb am 21. April 1910, einen Tag nach Wiederkehr des Kometen, an einem Herzinfarkt.

Fritz Wunderlich – Letaler Ausrutscher

Was Fritz Wunderlich vor allen anderen Sängern auszeichnet, ist seine unüberhörbare Freude am Singen, egal ob Tanzmusik, Oper oder Operette. Besonders im Liedgesang gilt Wunderlichs Stimme als einzigartig. Höhepunkt in seiner damals noch jungen Karriere ist der Liederabend in Edinburgh am 4. September 1966. Das Programm hat er bereits bei den Salzburger Festspielen ein Jahr zuvor gesungen: Beethoven, Schubert und die Dichterliebe von Schumann. In wenigen Wochen feiert er seinen sechsunddreißigsten Geburtstag, wenige Tage später soll er sein Debüt an der Metropolitan Opera in New York geben. Wunderlich ist auf dem Höhepunkt seiner Karriere …

Geboren wurde Fritz Wunderlich am 26. September 1930 in Kusel, einer kleinen pfälzischen Gemeinde. Von frühester Jugend an spielt er Unterhaltungsmusik; auch während seines Gesangsstudiums an der Freiburger Hochschule tingelt er mit einem eigenen Tanzorchester singend durch die Pfalz, um Geld zu verdienen. Von seiner Familie hat er zwar jede Menge musikalisches Talent geerbt, der Vater ist Chordirigent, die Mutter Geigerin, das Studium des Sohnes können die Eltern finanziell jedoch kaum unterstützen.

Nach der fünfjährigen Ausbildung an der Freiburger Musikhochschule tritt er 1954 bei einer Hochschulaufführung als Tamino in Mozarts »Zauberflöte« erstmals offiziell in einer Oper auf. Wunderlichs schöne Stimme kann keiner überhören, schon im darauffolgenden Jahr wird er an die Württembergische Staatsoper in Stuttgart engagiert. Als er dort für einen erkrankten Kollegen einspringt, wird er praktisch über Nacht zum Star. Die Opernhäuser der Welt stehen ihm offen. Er kann alles singen, ist regelmäßig Gast der Salzburger Festspiele, Engagements führen ihn nach Berlin, Aix-en-Provence, Venedig, Buenos Aires, London, Edinburgh und Mailand. Doch er ist nicht nur ein großer Opernstar, er lacht und feiert gerne, ist albern, irgendwie ein Alles-oder-nichts-Mensch, ein Mann, der unentwegt bestrebt ist, das Beste aus dem zu machen, was die Natur ihm mitgegeben hat. Was Wunderlich auszeichnet, ist nicht nur seine hinreißende Stimme von unsagbarer Klarheit, sondern auch die Intelligenz und die Gewissenhaftigkeit, mit der er sich der Musik hingibt.

Einerseits bewundert man die Unbekümmertheit des Sängers, seine Freude, Zuversicht und Gelassenheit. Auf der anderen Seite gibt es jedoch auch noch den getriebenen Fritz Wunderlich, den Mann, der aus dem Vollen schöpft, der alles mit ungeheurer Energie und Intensität betreibt. Er kauft sich Kameras und richtet sich mit viel Arbeitsaufwand ein Labor ein, in dem er seine Bilder selbst entwickelt. Seine Partys sind legendär, sie dauern oft die halbe Nacht. Wunderlich trinkt und raucht ungezwungen, als sei er kein Sänger, dessen kostbare Stimme sein größtes Kapital ist. Er lebt so, wie er auch seinen Porsche fährt – mit Vollgas. Seine Freunde beschleicht ein unheimliches Gefühl, »nimm dich in Acht, Junge, und teil dir die nächsten Jahre gut ein«, warnt sein Freund und Kollege Hermann Prey. Doch die nächsten Jahre kümmern Wunderlich nicht, er will sowieso in zwei, drei Jahren aufhören. Vielleicht wird er noch Wagner singen, doch zunächst steht sein Auftritt in New York an.

Um vor seiner Abreise noch etwas auszuspannen, besucht Wunderlich einen Jagdfreund in Oberderdingen bei Maulbronn. Man will Rebhühner jagen, eine Gelegenheit, die sich der leidenschaftliche Jäger nicht entgehen lassen kann. Nach einem geselligen Abend ziehen sich alle zurück, um am nächsten Morgen fit zu sein. Auch Wunderlich geht in sein Zimmer im Erdgeschoss. Wenig später steigt er noch einmal in den ersten Stock hinauf, um sich dort aus der Bibliothek ein Buch zu holen. Für den kurzen Weg ist er nur schnell in die Schuhe geschlüpft, die Schnürsenkel hat er nicht mehr zugebunden. Diese offenen Schnürsenkel werden offenbar zu seinem Verhängnis. Auf dem Rückweg kommt er auf der Treppe ins Stolpern. Er sucht Halt am Geländer, das aus einem dicken Seil besteht. Die Verankerung des Taus bricht aus der Wand, und der Sänger stürzt kopfüber die ganze Treppe hinunter auf den mit Steinplatten belegten Boden. Dort schlägt er mit dem Hinterkopf zuerst auf, bewusstlos wird er ins Krankenhaus gebracht. Trotz medizinischer Soforthilfe erwacht Fritz Wunderlich nicht mehr aus dem Koma.

Das unheimliche Gefühl seiner Freunde ist Wirklichkeit geworden. Als ob er gewusst hätte, dass ihm das Leben nicht viel Zeit lassen würde, so lebte Fritz Wunderlich »wie eine Kerze, die an beiden Enden brennt«, wie es sein Freund und Liedbegleiter Hubert »Hubsi« Giesen formulierte. Mit 36 Jahren ist der strahlende Stern am Opernhimmel durch einen Treppensturz ums Leben gekommen.

Für manche Fans war dieser Tod offensichtlich zu banal, denn bis heute hält sich das Gerücht, Fritz Wunderlich habe sich beim Russischen Roulette eine Kugel in den Kopf geschossen.

Émile Zola – Schwelende Gefahr

Sein Leben lang wurde Émile Zola mit ungeheurem Hass verfolgt. Als Schriftsteller wurde ihm sein naturalistischer Stil übelgenommen; auch wurde kritisiert, dass er nur die Lebenswelt von Randfiguren darstelle. Die Feindseligkeiten steigerten sich, nachdem er in seiner fulminanten Schrift »J'accuse« (»Ich klage an«) das Komplott gegen Alfred Dreyfus und die politischen Interessen der Drahtzieher bloßstellt.

Die Geschehnisse um einen Fall von Landesverrat in Frankreich, die sogenannte »Dreyfus-Affäre«, sind deutliche Anzeichen des europäischen Antisemitismus. Alfred Dreyfus, ein jüdischer Offizier, wird Ende 1894 wegen angeblichen Landesverrats zu lebenslanger Deportation verurteilt. In Wirklichkeit handelt es sich bei dem Urheber der Affäre um Major Graf Walsin-Esterházy. Obwohl sich schon bald herausstellt, dass Dreyfus unschuldig ist, wird er in einem zweiten Prozess erneut verurteilt. Wenig später erfolgt zwar die Begnadigung durch den Präsidenten der Republik, aber erst 1906 wird das unschuldige Opfer vollständig rehabilitiert.

Auf dem Höhepunkt dieser Affäre, im Januar 1898, zündet der Erfolgsautor Émile Zola eine publizistische Bombe. In der Tageszeitung *L'Aurore* erscheint ein »Offener Brief an den Präsidenten der Republik«, in dem hohe Militärs als »diabolische Handlanger des Justizirrtums« gegen Dreyfus bezeichnet werden. Zola schließt mit den Worten: »Man wage doch, mich vor Gericht zu stellen! Ich warte!« Lange muss er nicht warten, er wird wegen Verleumdung und »Beleidigung des Militärs« angeklagt und zu einem Jahr Gefängnis und einer Geldstrafe verurteilt. Als ein Revisionsgericht das Urteil noch verschärft, flieht Zola nach England, kann jedoch 1899 nach einer Amnestie zurückkehren.

Jedes Jahr verbringen Zola und seine Frau die Sommermonate auf ihrem Landsitz in Médan außerhalb von Paris. Wegen der Angelegenheit Dreyfus hetzt die nationalistische und antisemitische Presse nach wie vor gegen ihn, fast täglich erhält er beleidigende Briefe und Morddrohungen. Doch in Médan wird nicht politisiert, und keiner denkt an die Vorgänge in der Hauptstadt. Die feuchtfröhlichen Feste der Zolas sind berühmt. Gern gesehener Gast ist etwa der Maler Paul Cézanne, mit dem Émile seit gemeinsamen Schulzeiten in Aix-en-Provence befreundet ist. Zola, Jahrgang 1840, arbeitete nach Abschluss der Schule in der Werbeabteilung des Hachette-Verlags. Bei seiner Arbeit dort erkannte er, dass der Erfolg von Literatur vom Geschmack des Publikums abhängt und der Leser schonungslose Offenheit mehr schätzt als intellektuelle Heuchelei. Eine Erkenntnis, die ihn prägen sollte …

Wie jedes Jahr kehrt das Ehepaar Zola 1902 Ende September von Médan zurück in die Pariser Stadtwohnung. Wegen des herbstlichen Wetters ist die Wohnung kalt. Der Hausdiener hat bereits zwei Stunden vor ihrer Ankunft ein kleines Kaminfeuer entfacht, das aber nicht richtig brennen will, es glimmt nur. Die Wohnung wird nicht wirklich warm und gemütlich, deshalb geht das Ehepaar früh zu Bett. Am Morgen des nächsten Tages, es ist der 29. September, ist es in der Wohnung in der Rue de Bruxelles ungewöhnlich still. Nachdem auch auf heftiges Klopfen keiner reagiert, wird die Schlafzimmertür geöffnet. Alexandrine Zola liegt bewusstlos im Bett, Émile Zola ist offenbar neben seinem Bett zusammengebrochen. Alle Bemühungen des umgehend herbeigerufenen Arztes, den Dichter ins Leben zurückzuholen, scheitern. Émile Zola ist tot. Alexandrine wird ins Krankenhaus gebracht, wo sie sich allmählich erholt.

Bei der Autopsie stellt sich heraus, dass Zola an einer Kohlenmonoxyd-Vergiftung gestorben ist. Für die ermittelnde Polizei und die Staatsanwaltschaft ist klar, dass der Tod des Schriftstellers auf die schwelende Glut zurückzuführen ist, deren Rauch und giftige Gase nicht durch den Kamin abziehen konnten. Um diese Theorie zu stützen, werden wenige Tage später einige Meerschweinchen stundenlang bei leicht schwelendem Feuer und verschlossenen Fenstern in Zolas Sterbezimmer eingesperrt. Obwohl die kleinen Nager das Experiment schadlos überleben, hält man an der These vom Tod aufgrund eines schlecht gefegten Kamins fest.

Die Akte soll möglichst schnell geschlossen werden, denn an der Dreyfus-Front brodelt es immer noch. Ein unter mysteriösen Umständen ums Leben gekommener Émile Zola hätte die Republik erneut erschüttert. Die Sorge ist berechtigt, denn als sechs Jahre nach Zolas Tod seine sterblichen Überreste ins Panthéon überführt werden, stören Rechtsradikale und Antisemiten den Trauerzug und versuchen sogar, den Sarg in die Seine zu kippen.

Jahrzehnte nach dem tragischen Tod Émile Zolas berichtet die Tageszeitung *Libération* über die ungeklärten Todesumstände. Demnach hatte der Kaminbauer Henri Charles Buronfosse, Rechtsextremist, Antisemit und bekennender

Zola-Hasser, kurz vor seinem Tod im Jahr 1928 gestanden, der Mörder Émile Zolas zu sein. In seinem Geständnis habe er geschildert, dass er über die Dächer von Paris zum Kamin der Zolas geklettert sei. Mit Bauschutt und Gips habe er den Kamin verschlossen und den Pfropfen am Morgen nach dem gelungenen Mordanschlag wieder entfernt.

Die Mordthese mit Buronfosse als Täter ist zwar nicht bewiesen, aber auch nicht unwahrscheinlich. Somit könnte auch Zolas Tod in eine Reihe politischer Morde gehören, die sich durch das 20. Jahrhundert zieht, vom italienischen König Umberto I. bis zu den Kennedys und Martin Luther King.

11.
Opfer ihrer Leidenschaft

David Carradine – Tod im Kleiderschrank

Der buddhistische Mönchsorden Shaolin ist berühmt für seinen Kampfkunst-Stil Kung-Fu. In den 70er Jahren des letzten Jahrhunderts machte David Carradine als Shaolin-Kung-Fu-Mönch in der Action-TV-Serie »Kung Fu« die Kampftechnik populär. Obwohl der Schauspieler mit berühmten Regisseuren wie Martin Scorsese oder Ingmar Bergmann drehte, wurde er seinen Ruf als B-Movie-Star nie los. Lange Zeit wurden Filme mit dem Kung-Fu-Kultschauspieler nur in Videotheken vermarktet. Erst 2003 gelang es ihm, durch seine Rolle im Quentin-Tarantino-Film »Kill Bill« ein neues Publikum zu begeistern. In »Crank: High Voltage« schlüpfte er wieder in die Rolle eines Chinesen. Echt chinesisch sah David Carradine allerdings bei genauer Betrachtung nicht aus.

Das künstlerische Talent wurde dem Sohn einer Schauspielerfamilie bei seiner Geburt 1936 in Hollywood in die Wiege gelegt. Bereits in früher Jugend beschäftigt er sich, trotz seiner Farbenblindheit, mit Malerei und träumt, einmal von seiner Kunst leben zu können. Gleichzeitig fühlt sich David zur Schauspielerei hingezogen. Seine erste Bühnenerfahrung sammelt er beim Shakespeare Festival in San Francisco. Nach einigen kleineren Fernsehrollen kommt schließlich der Durchbruch mit »Kung Fu«.

Durch das jahrzehntelange Training in asiatischen Kampf-sportarten strahlt er vollendete Selbstbeherrschung und auch Ruhe und Weisheit aus. Keiner ahnt, welches Geheimnis sich hinter dem verwitterten maskenartigen Gesicht verbirgt:

Anfang 2009 hält sich Carradine für Dreharbeiten zum Actionfilm »Stretch« in Bangkok auf. Spätestens seit »Feuchtgebiete« und »(Fifty) Shades of Grey« ist bekannt, dass die Spielarten der erotischen Phantasie unbegrenzt sind. Und David Carradine hatte offenbar eine besonders verhängnisvolle Neigung: Am 3. Juni 2009 findet man den Schauspieler nackt im Kleiderschrank eines Bangkoker Hotelzimmers. Der leblose Körper ist mit Kordeln um seinen Hals und mit zusammengebundenen Händen an der Kleiderstange aufgehängt.

Nachdem Mord und Selbstmord ausgeschlossen wurden, musste das irritierende Untersuchungsergebnis akzeptiert werden, dass Carradine bei einem bizarren Sexspiel ums Leben gekommen ist. Es wird davon ausgegangen, dass der Schauspieler sich im Verlauf der sexuellen Praktik »auto-erotische Erstickung« am Hals aufgehängt und versehentlich stranguliert hat.

In dieser Position braucht man nicht viel Kraft, um sich selbst umzubringen, und im sexuellen Ausnahmezustand wird diese Gefahr oft verdrängt. Allein in Deutschland sterben jedes Jahr schätzungsweise 100 Menschen bei solchen auto-erotischen Abenteuern. Genaue Zahlen gibt es nicht, es handelt sich bei den Opfern aber fast immer um Männer. Die Medizin nennt das Phänomen Hypoxyphilie, »Lust durch Sauerstoffmangel«. Der Polizeichef von Bangkok, Worapong Siewpreecha, vermeldete nach Abschluss der Untersuchungen, der 72-jährige David Carradine sei »beim Masturbieren« gestorben …

Carolin Wosnitza alias »Sexy Cora« –
Tod durch Größenwahn

Blond, Silikon-Brüste, Tattoos, das waren die hervorstechenden Attribute von Carolin Wosnitza. Im Jahr 2010 hatte die damals 23-jährige Erotikdarstellerin unter dem Namen »Sexy Cora« als Gast im TV-Container »Big Brother« eine gewisse Berühmtheit erlangt. Schon davor konnte allerdings jeder auf den einschlägigen Internetseiten die junge Frau sehen, sich nackt oder halb nackt und in allerlei Posen räkelnd.

Geboren wurde Carolin am 2. Mai 1987 in Berlin, nach der Trennung ihrer Eltern zog sie mit ihrer Mutter nach Schwerin. Sie macht einen Realschulabschluss und beginnt eine Ausbildung als Krankenschwester, die sie wegen eines angeblichen Hüftleidens allerdings abbricht. Sie ist erst 15 Jahre alt, als sie in einer Diskothek in Mecklenburg wegen ihres Tattoos direkt über dem Steißbein zur »Miss Arschgeweih« gewählt wird. Carolin begreift zum ersten Mal, dass man mit einem attraktiven Körper Geld verdienen kann. Kaum 18 Jahre alt, lässt sie sich in Polen chirurgisch ihre Brüste vergrößern.

Ihr Leben nimmt dann eine entscheidende Wende, als sie Tim Wosnitza kennenlernt. Gemeinsam ziehen sie nach Hamburg und steigen ins Erotikgeschäft ein. Es ist der Start in eine ebenso zweifelhafte wie lukrative Karriere als Prostituierte und Webcam-Girl. Mit ihrer Teilnahme an einem schlagzeilenträchtigen Weltrekordversuch in Sachen Blowjob wird »Sexy Cora«, wie sich Carolin als Pornodarstellerin nennt, zum Star der Amateurporno-Szene, das Unternehmen des Ehepaars Wosnitza macht Millionenumsätze.

Es ist ausschließlich Carolins Körper, mit dem das Geld verdient wird; besondere Aufmerksamkeit erregt ihr prächtiger Kunstbusen. Viermal lässt sie sich dickere Silikonpolster unterschieben, so dass die zierliche, nur 1,57 Meter große und 47 Kilogramm leichte Frau bald üppige Brüste im XXL-Format zieren.

Im Jahr 2011 steht die fünfte Investition in die Busenvergrößerung zum Megaformat an. Am 11. Januar des Jahres begibt sie sich in die Hamburger Alsterklinik. Es ist der letzte Tag, den die Pornodarstellerin bewusst erlebt. Bei der Operation geht alles schief, die Sauerstoffversorgung versagt, das Herz bleibt stehen. »Sexy Coras« Körper, der maßgeschneidert die Phantasien gewisser Männer erfüllen soll, kostet die gerade mal 23-jährige Carolin Wosnitza das Leben.

12.
Unsichtbare Gefahren

Francis Bacon – Das Schneehuhn

Der kleine Francis Bacon ist mit den Royals sehr vertraut. Queen Elisabeth ist jedes Mal deutlich entzückt, wenn sie dem Knaben begegnet. Am Hof munkelt man, Francis sei das Ergebnis einer Affäre der jungen Königin mit dem Earl von Leicester – ein Gerücht, das sich bis heute hält. Laut Geburtsregister wird Francis 1561 in Yorkhouse bei London geboren, er studiert Jura, und gerade mal 20 Jahre alt, hat er bereits einen Sitz im Unterhaus. Bacon verfasst politische Denkschriften und wird politischer Berater am Hof der Königin. Sein Stern sinkt jedoch, als er seine Pläne für eine radikale Erziehungsreform vorlegt.

Elisabeths Nachfolger Jakob I. ist zwar auch nicht begeistert vom experimentellen Erziehungskonzept, schätzt aber Bacons Glaube an absolute Herrschaft. Der königstreue Bacon wird zunächst zum zweiten, dann zum ersten Kronanwalt und schließlich 1618 zum Lord High Chancellor ernannt. Damit hat Francis Bacon die höchste Stufe auf der politisch-gesellschaftlichen Karriereleiter erreicht und ist nach dem König der mächtigste Mann im Staat. Seine Macht ist allerdings nur von kurzer Dauer, Bacon wird wegen Bestechlichkeit angeklagt und verurteilt. Er muss alle politischen Ämter aufgeben und darf bis zum Ende seines Lebens keines mehr bekleiden.

Nach dem Ende seiner politischen Karriere, Anfang des 17. Jahrhunderts, stellt Francis Bacon grundsätzliche Überlegungen zum Stand der Wissenschaft an. Seine Analyse kommt zu dem vernichtenden Ergebnis, dass es seit der Zeit der alten Griechen weder wesentliche Erfindungen noch sonst einen nennenswerten Fortschritt zu geben scheine. Die zeitgenössische wissenschaftliche Arbeit beschränke sich auf das Sammeln vorhandener Erkenntnisse und den Versuch, dafür theoretische Ordnungssysteme zu erstellen. Erfindungen wie das Schwarzpulver, den Kompass und den Buchdruck hält er für Zufallsentdeckungen. Er hingegen will eine zielgerichtete Forschung, bei der Schlussfolgerungen aus der Praxis für die Theorie gezogen werden, und zwar auf der Grundlage von Beobachtung und Experiment.

Als Bacon in den ersten Apriltagen des Jahres 1626 einen Ausflug in die Umgebung seines Wohnsitzes Highgate unternimmt, setzt plötzlich heftiger Schneefall ein. Eilig sucht Bacon Schutz in einem Bauernhaus; gleichzeitig bringt ihn der Kälteeinbruch auf die Idee, ein kleines Experiment durchzuführen. Um herauszufinden, ob Fleisch durch Kälte vor dem Verderben bewahrt werden kann, lässt er ein Huhn schlachten und stopft es mit Schnee aus. Nun beginnt Bacon den Prozess der Verwesung genau zu beobachten. Bei seiner Frischhalte-Forschung verkühlt sich Bacon indes, und eine Heimfahrt ist unmöglich. Man bringt den Kranken in das Haus eines befreundeten Grafen und packt ihn ins Bett. Die gräflichen Besitzer hatten das Haus zu diesem Zeitpunkt schon über ein Jahr nicht mehr bewohnt, deshalb war alles feucht und klamm. Aus der Erkältung wird so eine Lungenentzündung, an der Bacon am 9. April 1626 verstirbt.

Giangiacomo Feltrinelli – Unter Hochspannung

Den Verlag und die Buchhandelskette Feltrinelli kennt jeder Italiener, so wie auch Giangiacomo Feltrinelli, den millionenschweren Nachkommen der legendären Mailänder Familiendynastie. In den 30er Jahren gehört sein Vater Carlo, neben Alberto Pirelli, Giacinto Mòtta und Giovanni Agnelli zu den wichtigsten italienischen Unternehmern. Der 1926 geborene Giangiacomo wächst wohlbehütet mit Kindermädchen und Privatlehrer auf, doch weder Luxusvilla noch das riesige Vermögen passen zu seinem Weltbild. Er wird Kommunist, unterstützt die kommunistische Partei und gründet ein Archiv für die Geschichte der Arbeiterbewegung. Für seine kommunistischen Weggefährten bleibt er ein Fremder, für seine Familie wird er ein Fremder, schließlich schmeißt ihn seine Mutter aus dem Aufsichtsrat des Familienimperiums.

Nach dem brutalen Gewalteinsatz Russlands während des Ungarn-Aufstands im Jahr 1956 erkaltet seine Liebe für die Kommunisten. Der »kommunistische Industrielle« wandelt sich zu einem Unternehmer, er gründet einen eigenen erfolgreichen Verlag. Einen besonderen Coup landet er 1957, als es ihm gelingt, sich die Weltrechte an »Doktor Schiwago« von Boris Pasternak zu sichern. Der Schmuggel von Pasternaks Manuskript erbost die kommunistischen Funktionäre, Feltrinelli verlässt die KPI. Ein weiterer Weltbestseller ist Tomasi di Lampedusas »Der Leopard«. Immer noch links, ist sein Verlag für einige berühmte Autoren interessant, auf Kuba verhandelt er mit Fidel Castro über eine Autobiographie, in Bolivien ergattert er die Rechte an den Tagebüchern Che Guevaras und gewinnt García Márquez, dessen Bücher ihm Millionen einbringen. Feltrinelli ist intelligent, gebildet, gutaussehend, sein ausschweifender Lebensstil ist ein gefundenes Fressen für Boulevardzeitungen: Er lässt sich im weißen Cadillac zu Jetset-Partys chauffieren, kauft, was ihm gefällt, Frauen, Häuser, und auch schnell mal ein ganzes Hotel, in dem er schlecht bedient wurde. Andererseits unterstützt er lateinamerikanische Revolutionskassen und kümmert sich um eine anständige medizinische Versorgung für den angeschossenen, mittellosen Rudi Dutschke.

Anfang der 1970er Jahre wandelt sich Giangiacomo erneut, er geht nun in den Untergrund, schreibt Manifeste für den bewaffneten Kampf, gratuliert den Roten Brigaden zu ihren Aktionen. Er wird verdächtigt, bei einer Reihe politischer Anschläge und Morde, die Italien erschüttern, zumindest Mitwisser zu sein. Tatsächlich greift Feltrinelli selbst auch zum Sprengstoff. Am 14. März 1972 bricht er gemeinsam mit drei weiteren Männern auf, um bei Segrate Hochspannungsmasten in die Luft zu jagen. Die Dynamitstangen sollen am Hochspannungsmast so befestigt werden, dass der Mast in eine gewünschte Richtung abknickt, um einen Blackout auszulösen. Während seine Kollegen unten an den Pfeilern den Sprengstoff anbringen, klettert Giangiacomo mit 15 Stangen Dynamit hinauf, um sie hoch oben im Stahlgerüst zu befestigen. Plötzlich knallt es, und die Männer fliegen meterweit durch die Luft.

Als sein Hund Twist wie wild einen Hochspannungsmast anbellt, findet der Landwirt Luigi Stringhetti am Nachmittag des nächsten Tages einen Leichnam, der mit ausgebreiteten Armen unter der riesigen Stahlkonstruktion am Boden liegt. Im Nu versammeln sich an der Fundstelle Sprengstoffexperten, die politische Polizei, die Carabinieri, der Erkennungsdienst, die Müllabfuhr, Bestatter, Reporter, Fotografen und Neugierige, die sämtliche Spuren zertrampeln.

Auch nach Jahren bleibt es rätselhaft, wie mehrere Nitroglycerin-Stäbe, mit denen der Verleger auf den Hochspannungsmast klettert, explodieren konnten, ohne dass das bereits am Mast befestigte Dynamit mit in die Luft flog.

Francesco Francia – Im Bann der heiligen Cäcilia

Kunst, Kultur und Wirtschaft durchlaufen im Zeitalter der Renaissance eine einzigartige Verwandlung. Beginnend mit dem 15. Jahrhundert, entstehen innerhalb weniger Jahrzehnte grandiose Bauwerke, Gemälde und Kunstwerke. Die Wiege der Renaissance ist Florenz, wo die mächtige kunstsinnige Familie der Medici regiert. Abseits der Florentiner Zeichenkunst, in Ferrara, malt Francesco Francia.

Francia wird 1447 in Bologna geboren. Erst nachdem er bereits einige Jahre als Goldschmied und Graveur gearbeitet hat, beginnt er in der Werkstatt von Francesco Costa zu malen. Stets bestrebt, in der Kunst höhere Stufen zu erklimmen, übernimmt er sodann eine Stelle als Hofmaler in Mantua; es entstehen etliche Altarbilder, die vom Ferrareser Stil beeinflusst sind. Francia gilt als Künstler mit einer einzigartigen Vielfalt an Ausdrucksmöglichkeiten. Seine Figuren stellt er meist abgehoben und mit einem überirdischen Ausdruck dar, ein Stil, der von Raffael perfekt vollendet wird.

Francesco Francia und Raffael kennen sich und pflegen einen freundschaftlichen Briefverkehr. In einem seiner Briefe bittet Raffael den Freund, sein jüngstes Werk, die »Heilige

Cäcilia« zu begutachten. Mit großem Vergnügen erklärt sich Francesco bereit, das Bild zu beurteilen, und bittet seinen Freund, ihm das Gemälde zu schicken. Voller Spannung erwartet er das Bild, von ihm selbst gibt es bereits zwei Werke von derselben Heiligen, eins von ihrer Hochzeit und eins von ihrem Begräbnis. Als die Kiste mit dem Bild eintrifft, hebt Francesco selbst das Bild Raffaels heraus und stellt es ins Licht. Fassungslos und augenblicklich tief berührt erkennt er das geniale Kunstwerk. Im Vergleich zu seinem jüngeren Kollegen Raffael hat sich der Künstler bisher in vielerlei Hinsicht für ebenbürtig gehalten, in mancher sogar überlegen. Einen derart bitteren Schmerz angesichts eines so übermächtigen Gemäldes hat er nicht erwartet, seine Stimmung schwankt zwischen höchstem Entzücken und großem inneren Leid.

Mit einem einzigen Blick auf das Gemälde wird ihm bewusst, dass sein ganzes Können im Vergleich zu Raffaels Meisterschaft bedeutungslos ist – der hochemotionale Francesco Francia verfällt in eine tiefe Depression und stirbt.

Jimi Heselden – Lautlos schwebend

Jimi Heselden wurde Ende September 2010 leblos am Ufer der Wharfe, einem Fluss in Nordengland, gefunden. Er war 62 Jahre alt. An Brust und Rücken wies er mehrere Verletzungen auf, die offenbar durch einen Unfall mit seinem extravaganten Gefährt verursacht worden waren, denn unweit der Leiche dümpelte ein Segway-Roller im Fluss.

Den Segway-Roller sieht man fast ausschließlich auf den bekannten Touristenpfaden. Aufrecht stehend, wie auf einem

Streitwagen, der von unsichtbaren Pferden gezogen wird, gleiten die Freunde dieses Scooters nahezu lautlos durch die Altstädte von Nürnberg, Bamberg oder Regensburg, in München ziehen sie im Pulk zum Maximilianeum, und auch in Wien, Rom und Paris sind sie unterwegs. Unter Golfern gibt es ebenfalls einige Fans, die Polizei schätzt ihn als praktisches Gefährt in den Fußgängerzonen, und auch über das eine oder andere Firmengelände sieht man ihn rollern. Der Segway ist ein elektrisch getriebenes, einachsiges Fortbewegungsmittel, das sich selbst ausbalancieren kann. Der Fahrer steht auf einer Plattform zwischen den beiden Rädern und hält vor sich mit beiden Händen eine senkrechte Lenkstange. Beschleunigt werden kann der Roller bis zu einer Geschwindigkeit von 20 Stundenkilometern ganz einfach, indem man sich samt Lenkstange leicht nach vorne beugt. Lehnt man sich nach hinten, bremst das Gefährt. Richtungsänderungen erfolgen durch Bewegung der Lenkstange nach links oder rechts. Dafür, dass der Segway und sein Fahrer das Gleichgewicht nie verlieren, sorgen spezielle Sensoren.

Der exzentrische Erfinder Dean L. Kamen hatte einst beobachtet, mit welch großen Problemen Rollstuhlfahrer sich konfrontiert sahen, wenn sie Bordsteinkanten überwinden wollten; er beschloss daher, Abhilfe zu schaffen. Ergebnis seiner Tüftelarbeit war kein geländegängiger Rollstuhl, sondern die Erfindung eines Rollers, der »Segway« genannt wurde. Der Markenname ist vom englischen Wort »segue« abgeleitet, was so viel bedeutet wie »der gleichmäßige Übergang von einem Zustand in einen anderen«, und genau diese fließende Bewegung wollte der amerikanische Tüftler mit seinem Hightech-Gerät erreichen.

Mit der Vision des Erfinders, dass der Segway in Zukunft

das Auto als Verkehrsmittel verdrängen könnte, wurde das revolutionäre Zweirad in New York der Öffentlichkeit präsentiert. Prominentester Unterstützer war Steve Jobs, damaliger Chef des Computerkonzerns Apple. Er glaubte an die Erfindung von Dean Kamen und verglich die zukünftige Bedeutung des neuartigen Gefährts sogar mit der Einführung des Personal Computer. Die hochfliegenden Erwartungen, mindestens 40 000 Fahrzeuge im Jahr zu verkaufen, erfüllten sich allerdings nicht. Trotz einer aufwändigen Werbekampagne, die das Lebensgefühl einer jungen, aktiven und zahlungskräftigen Zielgruppe treffen sollte, bekam der Stehroller schon bald das Image einer etwas lächerlichen Fahrhilfe.

Als unerschrockene Trendsetter für das neue, alternative Verkehrsmittel erwiesen sich dann der ehemalige US-Präsident George W. Bush und sein damals 79-jähriger Vater. Allerdings hatte Expräsident Bush junior einen etwas holprigen Start. Trotz der stabilisierenden Sensoren verlor er beim Anfahren das Gleichgewicht und flog in hohem Bogen in den Graben. Bush ließ sich jedoch durch sein Missgeschick nicht entmutigen, er klopfte sich den Staub von den Kleidern, und beherzt stellte er sich wieder auf den Roller und glitt über sein Anwesen in Kennebunkport. Trotz oder gerade wegen der präsidialen Unterstützung konnte sich das neue Fortbewegungsmittel aber auch danach nicht wirklich durchsetzen.

Ob der britische Unternehmer Jimi Heselden ein Schnäppchen machte, als er im Jahr 2009 die unter Absatzproblemen leidende US-Firma Segway Inc. kaufte, wird sich erst noch zeigen. In der Firmenstruktur von Heselden kann der Segway sicher nur eine Nebenrolle spielen, wobei Jimi selbst ein begeisterter Rollerfahrer war und an die Zukunft seines neuen Produkts fest glaubte. Der britische Multimillionär hatte jedenfalls Erfahrung, wie sich eine brillante Erfindung mit einem Quäntchen Glück in finanziellen Erfolg verwandeln ließ.

Geboren und aufgewachsen im Armenviertel Halton Moor in Leeds, wird Heselden mit 15 Jahren Bergarbeiter. Als er nach einem Streik gemeinsam mit Hunderten Kollegen gefeuert wird, besorgt er sich eine gebrauchte Sandstrahlmaschine, um Ölcontainer zu reinigen. Sand wird später auch zum Inhalt von Jimi Heseldens Geschäftsidee. Er entwickelt spezielle »Container« mit leichten, aber robusten Wänden, die mit Sand gefüllt werden können und sich so als Elemente militärischer Befestigungsanlagen nutzen lassen. Diese sogenannten »mobilen Sandsäcke« sind weltweit begehrt, im zivilen Einsatz gegen Hochwasser, vor allem aber bei der Armee, wo sie überall dort zum Einsatz kommen, wo es gilt, im Krieg schnell Schutzwälle oder Befestigungsanlagen zu errichten.

Als Heselden am Sonntag, dem 26. September 2010, aufbricht, um mit seinem Hund Gassi zu gehen, nimmt er kurzerhand sein neuestes Modell, einen Cross-Country-Roller. Sein weitläufiges Anwesen bietet ideale Bedingungen, um die Geländegängigkeit zu testen. Jimi Heselden ist eine charismatische Persönlichkeit, zwar öffentlichkeitsscheu, aber großzügig im Spenden für wohltätige Zwecke. Irgendwie entspricht der Segway-Roller seinem Naturell: Nur dieses Fahrzeug bietet ihm die Möglichkeit, alleine und aufrecht stehend zu fahren und dabei die Schönheit der Natur zu genießen, ohne ständig ängstlich auf den Weg achten zu müssen. Die Route, die Heselden für seinen Sonntagsausflug wählt, ist ein beliebter Wanderweg, holprig und schmal schlängelt er sich am Hochufer des River Wharfe entlang. Eigentlich ein ideales Terrain für den geländegängigen Segway, doch für Jimi

Heselden endet diese Ausfahrt tödlich am Fuß der Klippen des kleinen Flusses.

Ein Spaziergänger glaubt gesehen zu haben, wie ein älterer Rollerfahrer ihm höflich Platz machen wollte, dabei offenbar die Kontrolle über sein neuartiges Fahrzeug verlor – und plötzlich verschwand.

Der präzise Ablauf der letzten Minuten im Leben des britischen Unternehmers Heselden wird wohl nie geklärt werden. Ein Fehler im System des Unfall-Segways, der zum Sturz über die Klippen geführt hat, konnte nach Prüfung aller Sensoren ausgeschlossen werden. Vielleicht war es eine Fehlreaktion auf eine größere Unebenheit, oder ein Fahrfehler hat, wie bei Expräsident Bush, zum Kontrollverlust geführt. Offenbar war es Schicksal, dass der britische Unternehmer durch einen tragischen Unfall mit seinem eigenen Hightech-Produkt ums Leben kam …

13.
Sackgasse

Jim Thompson – Osterspaziergang im Dschungel

Im Herzen Bangkoks, inmitten von Wolkenkratzern und Straßenlärm, gibt es eine Oase der Ruhe und Tradition. Es ist das Jim-Thompson-Haus, ein Komplex aus mehreren kunstvoll ausgestatteten traditionellen thailändischen Häusern. Wie die Helden von Somerset Maugham oder Graham Greenes »Stiller Amerikaner« ist auch Jim Thompson von Asien fasziniert. 1945 verschlägt es den ehemaligen Offizier und Geheimagenten aus Delaware nach Bangkok. In der Mitte seines Lebens beginnt er in einem Land, dessen Sprache er nie lernt, eine neue und erfolgreiche Karriere. Das alte thailändische Seidenweberhandwerk wird zu seiner Passion. Er kümmert sich um die Qualität und macht handgefertigte Seide, Thai-Seide, zu einem Markenzeichen.

Thompson ist Jahrgang 1906 und stammt aus einer uramerikanischen Familie, deren Wurzeln weit in die Pionierzeit reichen. In den 20 Jahren seiner Tätigkeit in Thailand entsteht ein Seidenimperium; Jim Thompson wird weltweit als Seidenkönig berühmt. Der gutaussehende, charmante Jim ist Kettenraucher, obwohl er ständig erkältet ist und ihn Gallenkoliken plagen. Seine Pillen trägt er stets in einem kleinen silbernen Kästchen, seiner »junglebox«, bei sich.

Im Frühjahr 1967 reist Thompson gemeinsam mit

Mrs. Mangskau, einer befreundeten Antiquitätenhändlerin, nach Malaysia. Gemeinsam mit dem Ehepaar Ling wollen sie die Osterfeiertage in deren »Moonlight Cottage« in den Cameron Hills verbringen. Das hoch über dem Meer gelegene, kühle, aus Kolonialzeiten stammende Haus ist ein idealer Ort, um sich zu erholen. Nach gemeinsamen Golfrunden, guten Gesprächen und gutem Essen kommt der letzte Tag des Zusammenseins. Es ist Ostersonntag, und wie üblich geht man in die kleine Kirche in Tanah Rata, um danach ausgiebig zu picknicken.

Müde vom üppigen Essen ziehen sich dann alle in ihre Zimmer zurück, um Mittagsschlaf zu halten. Es ist halb drei, als die Lings scharrende Geräusche hören, so als ob ein Liegestuhl über die Terrasse gezogen würde, kurz danach knirschende Schritte auf dem Kiesweg. Es ist nicht der leichte Gang eines Malayen, denkt Frau Ling noch, dann ist alles ruhig. Gegen fünf Uhr treffen sich alle zum Tee, nur Jim Thompson fehlt. Sein Jackett hängt über dem Stuhl, und seine Zigaretten, das Feuerzeug sowie das unentbehrliche Pillendöschen liegen auf dem Tisch – alles spricht dafür, dass er gleich zurückkommen wird. Seine Leidenschaft für spontane Spaziergänge ist bekannt. Doch als es dunkel wird, beginnt man sich langsam Sorgen zu machen. Das Haus ist von dichtem Dschungel umgeben, in dem man sich auch bei Tag verlaufen kann. In der inzwischen tiefschwarzen Nacht wandern zu gehen ist ziemlich tückisch, überall lauern Gefahren, glitschige Steine auf unbekannten Pfaden – und auch gefräßige Tiere.

Weder im Golfclub noch im Dorf Tanah Rata ist Thompson gesehen worden, schließlich wird sein Verschwinden der Polizei gemeldet. Auch am nächsten Morgen gibt es weder ein

Lebenszeichen noch einen Hinweis auf seinen Verbleib; auch die größte Suchaktion in der Geschichte Malaysias bleibt ohne Ergebnis. Das Verschwinden des reichen Amerikaners beschäftigt nicht nur die Presse vor Ort, auch in Europa und Amerika wird über das mysteriöse Verschwinden des Seidenkönigs berichtet.

Darüber, was mit Jim Thompson geschehen ist, wird in der Folge viel spekuliert. Mögliche Entführungsvermutungen werden schließlich wegen fehlender Lösegeldforderungen aufgegeben. Auch der Verdacht, Thompson sei als ehemaliger Spion durch ein Killerkommando seiner eigenen Leute beseitigt worden, wird verworfen. Bis zum heutigen Tag hält sich hartnäckig das Gerücht, dass Jim Thompson in den dunklen Dschungel hineinspaziert sei, wo ein hungriger Tiger schon auf ihn gewartet habe. Tatsache ist, dass vor Jahren in der Nähe des Moonlight Cottage Tigerspuren gesehen wurden ...

Leo Trotzki – Vergebliche Flucht

Geboren wurde Trotzki als Lew Dawidowitsch Bronstein am 7. November 1879 in einem kleinen Dorf in der Ukraine. Als er viele Jahre später wieder einmal aus einer seiner zahlreichen Verbannungen flieht, braucht er rasch einen neuen Namen für einen gefälschten Pass. Bei Temperaturen von minus 40 Grad Kälte fällt ihm in einer Bahnwärterhütte in Sibirien nur der Name des Aufsehers ein, der ihn besonders gequält hat: Trotzki ...

Unter diesem Namen wird er einer der geistigen Väter der sozialistischen Revolution in Russland, agitiert in London,

Paris, Brüssel und München. Nach dem Sturz des Zaren baut er Ende 1917 als sowjetischer Kriegskommissar die Rote Armee auf und kämpft an ihrer Spitze für den Sieg der Bolschewisten. Trotzki will die Menschen überzeugen und bekehren, den neuen politischen Machthabern im Kreml hingegen reicht es, sie in ihr neues System zu zwingen. Schließlich frisst die Revolution ihren geistigen Vater und erstarrt zur Institution.

Im Machtkampf um die Nachfolge des im Januar 1924 gestorbenen Lenin unterliegt Trotzki dem skrupellosen Stalin. Sukzessive lässt der neue Machthaber den Rivalen entmachten; 1927 verstößt er ihn sogar aus der Kommunistischen Partei, erkennt ihm und seinen Angehörigen 1932 die Staatsbürgerschaft ab und zwingt ihn ins Exil. Jeder, der Trotzki kennt, bekommt Stalins Hass zu spüren und lebt gefährlich, seine Freunde und Anhänger sind Todeskandidaten. Frauen, Söhne, Sekretäre, sie alle sterben, während Trotzki im mexikanischen Exil sein Haus zur Festung ausbaut und ein Spießbürger-Dasein führt – bis zum verhängnisvollen Nachmittag des 20. August 1940 …

Wenige Tage zuvor bittet ein gewisser Frank Jacson, der sich als junger amerikanischer Schriftsteller vorstellt, den berühmten Exilanten, seinen Artikel über Flügelkämpfe bei den Trotzkisten in den USA zu korrigieren. Trotz ständiger Angst vor Attentätern empfängt Trotzki den Besucher, der seinen Hut nicht ablegt und seinen Mantel fest an den Körper presst. Dieses merkwürdige Verhalten irritiert Trotzki, und weil ihn ein seltsames Gefühl beschleicht, gibt er die Anweisung, Jacson nicht mehr vorzulassen. Drei Tage später jedoch, an eben jenem 20. August, als Trotzki am Nachmittag gegen 18 Uhr gerade seine Kaninchen füttert, steht der unerwünschte Gast plötzlich im Garten. Wieder hat er seinen Hut auf dem Kopf und trotz des schönen Wetters seinen Mantel eng an sich gepresst.

Als Trotzki die Manuskriptseiten in Jacsons Hand sieht, fühlt er sich verpflichtet, sie noch einmal anzusehen. Sie gehen ins Arbeitszimmer, doch als sich der kurzsichtige Trotzki zum Lesen über das Manuskript beugt, zieht Jacson plötzlich einen Eispickel aus seinem Mantel und schlägt dem alten Mann das Mordinstrument mit aller Kraft auf den Kopf. Blutüberströmt und mit zerschmettertem Schädel wirft sich Trotzki auf den Attentäter und beißt ihn in die Hand, danach taumelt er ins Esszimmer und geht dort zu Boden.

Leo Trotzki stirbt am Abend des folgenden Tages.

Es stellt sich heraus, dass der Mörder weder Frank Jacson heißt noch Amerikaner ist. In Wirklichkeit handelt es sich um Ramón Mercader, einen spanischen Kommunisten und Agenten des sowjetischen Geheimdienstes, der eigens für diese eine Aufgabe, Trotzki zu töten, geschult worden ist.

14.
Einsames Ende

Ingeborg Bachmann – Dunkle Schicksalsmächte

In den 50er, 60er und auch noch in den 70er Jahren des vergangenen Jahrhunderts war es für eine junge Frau ziemlich schwer, die festgeschriebenen Geschlechterrollen zu verlassen. Eine Vorreiterin des Feminismus war die 1926 in Klagenfurt geborene österreichische Dichterin Ingeborg Bachmann. 1954 wird sie mit ihrem ersten Gedichtband »Die gestundete Zeit« zum Star der deutschsprachigen Literaturszene.

Den Erfolg hat Ingeborg Bachmann schon in jungen Jahren mit zäher Energie gesucht, scheu und hart zugleich hat sie die Unnahbare gegeben, andererseits nutzt sie ziemlich skrupellos ihre Beziehungen. Viele stören sich am divenhaften Gehabe der aparten, stets etwas gekünstelt wirkenden Schriftstellerin.

Für ihre Freiheit und ihre Passion, das Schreiben, geht Ingeborg Bachmann an ihre körperlichen Grenzen. Mühsam erholt sie sich von immer wiederkehrenden Erschöpfungszuständen. Sie schreibt nur nachts, ist ruhelos, ständig unterwegs zu Lesungen in Deutschland, zu Freunden in Paris und wieder zurück nach Rom, ihrem Wohnort. Es ist nicht verwunderlich, dass ihr rastloses Leben zu Überforderung und schließlich zu einem verhängnisvollen Kreislauf aus Aufputsch-, Schlaf- und Beruhigungsmitteln führt.

Es sind kleine, manchmal ziemlich gefährliche Unfälle, die Ingeborg Bachmann wegen ihrer schweren Medikamentensucht immer häufiger zustoßen. Vor allem eine verminderte Schmerzempfindlichkeit birgt zusätzliche Gefahren. Am Abend des 25. September 1973 geht sie wieder einmal mit einem ihrer Tablettencocktails zu Bett, sie zündet sich noch eine Zigarette an, schläft jedoch kurz darauf mit der glimmenden Zigarette in der Hand ein. Als sie am Morgen auf ihrer Haut überall Brandverletzungen entdeckt, ruft sie ihre Haushälterin an, die mit einer Brandsalbe schnell Hilfe leisten will. Als sie jedoch die schweren Verbrennungen sieht, verständigt diese sofort die Rettung.

Während auf der Intensivstation die Brandwunden behandelt werden, wird Ingeborg Bachmann auch noch von unkontrollierbaren zerebralen Krämpfen geschüttelt. Anzeichen eines beginnenden Entzugsdeliriums. Besorgt fahnden die Ärzte nach dem entzogenen Medikament, um die lebensbedrohlichen Krämpfe in den Griff zu bekommen. Endlich, am Abend des 16. Oktober 1973, wird der Name des gesuchten Mittels bekannt, es handelt sich um das Psychopharmakon Seresta. Doch es ist bereits zu spät, am Morgen um 6 Uhr früh stirbt die durch den langjährigen Medikamentenmissbrauch geschwächte Ingeborg Bachmann im Alter von 47 Jahren an den Folgen der Verbrennungen.

Es scheint schicksalhaft, dass die Schriftstellerin an Brandverletzungen sterben musste: 1971 hatte Ingeborg Bachmann in ihrem Roman »Malina« visionär geschrieben: »Ich muss aufpassen, dass ich mit dem Gesicht nicht auf die Herdplatte falle, mich selbst verstümmle, verbrenne.«

Hermann Buhl – Sein letzter Gipfel

Im Himalaya-Massiv gilt der Nanga Parbat als einer der gefährlichsten Achttausender. Seine über vier Kilometer hohe Rupal-Flanke ist die höchste Steilwand der Erde. Aber auch auf allen anderen Seiten und denkbaren Anstiegsrouten donnern regelmäßig Lawinen. Es lauern genug Gefahren und Strapazen, um den Adrenalinspiegel eines Bergsteigers zu erhöhen.

Mitte des 20. Jahrhunderts begann der bis heute anhaltende Ansturm auf die Achttausender: Der erste erfolgreiche Gipfelstürmer war der Neuseeländer Edmund Hillary, der gemeinsam mit dem Sherpa Tenzing Norgay am 29. Mai 1953 den höchsten Berg der Welt, den 8848 hohen Mount Everest, bezwang. Wenig später, am 3. Juli desselben Jahres, stand Hermann Buhl ganz alleine auf dem 8125 Meter hohen Nanga Parbat.

Die zahlreichen früheren Versuche, den Berg zu bezwingen, hatten das Leben von 31 Männern gefordert. Besonders dramatisch verliefen die deutschen Expeditionen, Mannschaften samt Sherpas erfroren oder wurden von Eislawinen erschlagen. Durch die martialischen Berichte vom Scheitern an der Himalaya-Front wird der Nanga Parbat zum »Schicksalsberg der Deutschen« stilisiert. Der Erstbesteigung fiebert ganz Deutschland mit Meldungen wie »Finaler Angriff, Gipfelsturm und Bezwingung« entgegen.

Das deutsche Trauma der Nanga-Parbat-Katastrophen soll eine Expedition zum Gipfel unter der Leitung des Münchner Arztes Karl Maria Herrligkoffer heilen. Mit dabei ist Hermann Buhl, für den Bergsteigen mehr ist als nur ein Sport, es ist seine Passion. Bereits im Alter von 14 Jahren beginnt er im Karwendel und am Wilden Kaiser zu klettern. Nach dem Krieg nimmt er die schwierigsten Routen der Alpen in Angriff, und bald schon gilt Hermann als einer der besten Bergsteiger.

Nachdem die Mannschaft von Herrligkoffer 6900 Meter erreicht hat, verschlechtert sich das Wetter, und der Expeditionsleiter erwägt den gemeinsamen Rückzug. Heimlich, still und leise bricht Hermann Buhl am 3. Juli gegen ein Uhr nachts alleine auf: Mehr als 1200 Höhenmeter, ohne künstlichen Sauerstoff, quält er sich durch die dünne Luft. Mit fünf Atemzügen pro Schritt, schmerzverzerrt, teilweise kriechend, erreicht er am Abend den Gipfel auf 8125 Meter.

Das noch größere Heldenstück ist allerdings der Abstieg. Doch dessen ungeachtet: Als Hermann Buhl von seinem Gipfelsieg im Alleingang berichtet, reagiert die Bergsteiger-Truppe frostig. Man hält Buhls erfolgreichen Aufstieg im Alleingang für Hochverrat; und tatsächlich gibt es ein Nachspiel vor Gericht. Dennoch gilt Buhls Alleingang als alpinistische Höchstleistung, ein Triumph des Willens über die Gewalt der Natur.

Vier Jahre später gelingt dem Bergsteiger mit dem 8047 Meter hohen Broad Peak eine zweite Erstbesteigung eines Achttausenders. Schon drei Wochen später, am 27. Juni 1957, startet Hermann Buhl dann gemeinsam mit seinem Bergsteiger-Kameraden Kurt Diemberger, um die 7668 Meter hohe Chogolisa im pakistanischen Karakorum zu besteigen. Mit minimaler Ausrüstung soll der Bergriese möglichst schnell erklommen werden. Hermann Buhl bestimmt das Tempo, doch auf 7300 Metern müssen sie wegen eines plötzlichen Wetterumschwungs umkehren.

Ohne Seilsicherung steigen sie entlang einer Kante wieder

ab. Zuerst Diemberger, dann Buhl. Beide achten sorgfältig darauf, auf dem Grat nicht an den Rand der Schneewechte zu kommen. Wie im Himalaya haben auch die Berge des Karakorum ihre eigenen Geräusche, das Heulen des Windes, das Krachen des Eisbruchs, das Donnern der Lawinen.

Auf einmal geht ein Zittern durch die ganze Schneefläche, dann kommt ein Schlag. Kurt Diemberger springt zur Seite, er dreht sich um, aber Hermann Buhl ist verschwunden. Diemberger geht zurück und sieht, dass die riesige Wechte hinter ihm abgebrochen ist, die Fußspuren seines Kameraden führen bis zur Abrisskante. Dem legendären Bergsteiger Hermann Buhl wurden seine Besessenheit und seine Lust an leichtem, elegantem Klettern zum Verhängnis.

Kurt Gödel – Eigene Gespenster

Wie kann man Wahrheit beweisen? Wie schwer diese Frage zu beantworten ist, zeigt eine aus der Antike überlieferte Anekdote von dem Kreter Epimenides, der behauptet, dass alle Kreter lügen würden: Wenn es jedoch stimmt, dass alle Kreter lügen, dann drückt er damit aus, dass in Wahrheit auch er selbst lügt.

Wahre Sätze, die als bewiesen gelten, gab es lange Zeit nur in der Mathematik. Doch der österreichische Mathematiker Kurt Gödel fand Argumente, dass das logische Gerüst mathematischer Sätze zwar richtig sein mag, aber keinesfalls beweisbar ist.

Gödels wissenschaftliche Bedeutung ist unbestritten, seine Tragik besteht jedoch darin, dass er auch sein Leben rigoros in den Griff zu bekommen versuchte: Für jedes noch so zufällig scheinende Ereignis sucht und findet er stets eine logische Erklärung, mag sie auch noch so aberwitzig klingen. Es ist seine gnadenlose Ich-Bezogenheit, die Gödel zum Hypochonder macht, und letztlich treiben ihn seine bizarren Schlussfolgerungen in einen Verfolgungswahn. Als er an rheumatischem Fieber erkrankt, folgert er, entgegen allen medizinischen Befunden, dass er einen Herzfehler habe, an dem er bis zu seinem Tod leiden würde …

Kurt Gödel wird 1906 im damals österreichischen Brünn geboren. Sein Spitzname »Herr Warum« reflektiert sein unablässiges Fragen und Forschen, es wundert niemanden, dass ihm während seiner Schulzeit in Latein kein einziger Grammatikfehler unterläuft. Sein Studienschwerpunkt in Wien ist zunächst die Physik, dann wechselt er zur Mathematik, wobei er sich gleichzeitig für Philosophie interessiert. Besonders für die Leidenschaft und die Wahrheitssuche des griechischen Philosophen Platon begeistert sich Gödel. Er beschließt, sich hauptsächlich mit mathematischen Themen zu befassen, die auch philosophisch relevant sind. Durch diese Sichtweise erkennt er, dass es sich in der Mathematik zwar um folgerichtige Behauptungen handelt, diese aber nicht beweisbar sind. Dieser sogenannte »Unvollständigkeitssatz« macht Kurt Gödel weltberühmt.

Um nicht an die Front geschickt zu werden, emigriert Kurt Gödel 1939 in die USA, wo er sich mit Albert Einstein anfreundet. Weder der erhebliche Altersunterschied noch die unterschiedliche Lebenseinstellung trüben die Freundschaft zwischen den beiden berühmten Wissenschaftlern. Beide haben auf ihre Art unsere Sicht auf die Welt revolutioniert. Einstein empfindet Gödels Denkweise als derart tiefsinnig und

originell, dass er sich angeblich nur noch ins Institut auf-
macht, »um das Privileg zu haben, mit Gödel zu Fuß nach
Hause gehen zu können«. Umgekehrt schätzt der menschen-
scheue Mathematiker Gödel die Spaziergänge mit Albert Einstein genauso. Der ist der einzige Mensch, in dessen Gegenwart er sich wohlfühlt. Worüber sich die beiden unterhalten
haben, weiß man nicht. Ein Ergebnis der langen Gespräche
ist die Erkenntnis, dass aufgrund der Allgemeinen Relativi-
tätstheorie Zeitreisen nicht nur in die Zukunft, sondern auch
in die Vergangenheit möglich sein müssen. Für Gödel die Be-
stätigung, dass die großen Denker immer noch existieren.
Einsteins Tod im Jahr 1955 ist für Gödel folglich »ein großer
Schock«, er wird immer wunderlicher. Als Freunde ihn trös-
ten wollen, ist er im ganzen Haus nicht zu finden. Schließlich
entdeckt man ihn, in mehrere Mäntel gehüllt, hinter dem
Heizkessel kauernd.

Zum Glück gibt es seine bodenständige Ehefrau Adele, die
Gödel umsorgt. Die sechs Jahre ältere ehemalige Nachtclub-
tänzerin pflegt ihren Mann hingebungsvoll. Den Hypochonder plagen allerlei Beschwerden, er ist gegen Rauch allergisch,
er hat eine besondere Angst vor Kühlschränken, vor giftigen
Gasen, die der Heizung entströmen, oder auch vor gefährlichen Gerüchen aus Matratzen. Außerdem befürchtet er, von
ausländischen Mathematikern in Princeton ermordet zu werden. Adele hat für all diese Macken Verständnis, täglich kontrolliert sie seine Temperatur und verabreicht ihm alle Arten
von Pillen. Darüber hinaus gilt es, den extravaganten Diät-
plan des Mathematikers einzuhalten: täglich ein viertel Pfund
Butter, drei Eier, geschlagenes Eiweiß von zwei weiteren Ei-
ern, Milch, Kartoffelbrei, manchmal ein wenig Fleisch. Wegen seiner Angst, vergiftet zu werden, muss Adele das Es-

sen vorkosten. Diese Prozedur wird empfindlich gestört, als Adele erkrankt und im Herbst 1977 für mehrere Monate ins Krankenhaus muss. Gödel verweigert in der Folge jegliche Nahrungsaufnahme, und als seine Frau Ende Dezember nach Hause kommt, wiegt er weniger als 40 Kilo und muss dringend ins Spital eingeliefert werden.

»I have to hold him like a baby«, hat Adele immer gesagt, und tatsächlich stirbt Gödel am 14. Januar 1978 mit hochgezogenen Knien und eingerolltem Rücken, wie ein Fötus im Mutterleib.

William Holden – Trostloses Ende

Mit dem beliebten Hollywoodstar William Holden konnte sich jeder amerikanische Mann identifizieren, und alle Frauen, zumindest alle Amerikanerinnen, schwärmten für ihn. Seine Filme gehörten regelmäßig zu den Kassenschlagern. Berühmt sind vor allem die Filme unter der Regie von Billy Wilder, wie »Boulevard der Dämmerung« mit Gloria Swanson, »Sabrina« mit Audrey Hepburn oder »Stalag 17«, für den er im Jahr 1954 den Oscar als bester Hauptdarsteller bekam. Zu seinen späteren Filmen gehören der Kultwestern »The Wild Bunch« und »Network«. Alle Figuren, die Holden spielt, egal ob Anführer, Liebhaber, Einzelgänger oder Verfolgter, umweht eine gewisse Schwermut. Ihm gelingt derart der Aufstieg in die Reihe der bestverdienenden Hollywoodstars, seine Charaktere bleiben aber auf den Typ des Durchschnitts-Amerikaners der 50er Jahre, ohne Ecken und Kanten, festgelegt. Neben John Wayne mit seiner raumfüllenden Präsenz und Humphrey Bogart mit seinem spröden Zynismus zählt Holden, der den positiven Helden verkörpert, zu den Leinwand-Ikonen.

Holden wird als William Francis Beedle junior am 17. April 1918 geboren. Sein Vater ist ein wohlhabender Chemiker, und auch William beginnt zunächst ein Chemiestudium. Gleichzeitig wird er Mitglied einer Amateurtheater-Truppe und bekommt bereits 1939 einen ersten großen Auftritt im Film »Golden Boy«.

Nach vier Dekaden im Filmgeschäft mit großen Erfolgen ist sein Interesse an neuen Hollywood-Projekten irgendwann nicht mehr sehr groß. Er engagiert sich zwischenzeitlich hauptsächlich für den Erhalt des Lebensraums afrikanischer Wildtiere. Leider hat sich seine jugendliche Lust an unschuldigen Zechgelagen über die Jahre jedoch in einen Hang zu ungezügelten Sauforgien entwickelt. Nicht von ungefähr ist sein Ende dann auch die Folge eines Fehltritts in betrunkenem Zustand. Abseits von allen berühmten Freunden, allein in einem einsamen Kampf mit einer Wodka-Flasche, stürzt William Holden am 12. November 1981 in seinem Schlafzimmer über einen losen Teppich und knallt mit der Stirn auf die Ecke seines Nachttischs. Als der Hausmeister vier Tage später die Wohnung aufbricht, lebt Holden schon mehrere Tage nicht mehr. Seine letzte Mahlzeit hatte aus einer Flasche Wodka plus vier Flaschen Bier bestanden.

Ein trostloses Ende, über das Billy Wilder bemerkte: »Wenn mir jemand gesagt hätte, Holden sei tot, dann hätte ich angenommen, er sei von einem Wasserbüffel in Kenia aufgespießt worden, bei einem Flugzeugabsturz über Hongkong gestorben, eine eifersüchtige Frau habe durchgedreht, ihn angeschossen, und er wäre in einen Swimmingpool gefallen und ertrunken. Aber von einer Flasche Wodka und einem Nachttisch getötet zu werden – was für ein lausiger Abgang eines tollen Kerls!«

Edgar Allan Poe – Endstation Gosse

Wir kennen sie alle, die unfehlbaren Detektive Sherlock Holmes, Hercule Poirot und Miss Marple. Der allererste namhafte Detektiv der Literaturgeschichte erscheint allerdings bereits am 20. März 1841 auf der literarischen Bildfläche, er heißt Auguste C. Dupin, und sein Fall ist der »Mord in der Rue Morgue«. Sein Erfinder ist der amerikanische Schriftsteller Edgar Allan Poe, der als entscheidender Vorreiter der Genres Krimi, Science-Fiction und Horrorliteratur gilt.

Poe, der 1809 in Boston geboren wird, hat kein einfaches Leben. Sein Vater verschwindet eines Tages spurlos, und seine Mutter, die Schauspielerin Elizabeth Poe, stirbt kurz darauf im Alter von nur 23 Jahren. Während seine Geschwister als mittellose Waisen ihr Leben fristen, wird Edgar von der Familie eines reichen Tabakhändlers aufgenommen. 1836 heiratet er seine schöne 13-jährige Cousine Virginia. Poe hilft seiner Gemahlin bei den Hausaufgaben, ob er die Nachhilfe auch auf andere Lebensbereiche ausdehnt, bleibt ein Rätsel. Als seine große Liebe 1847 an Tuberkulose stirbt, verliert Poe jeglichen Halt, er wirft einen Job nach dem anderen hin und wechselt die Frauen öfter als seine Hemden.

Seinen Lebensunterhalt verdient er mehr schlecht als recht mit Lese-Reisen, von denen er aber immer wieder nach Baltimore zurückkehrt. Am 27. September 1849 warten seine Angehörigen jedoch vergebens: Edgar Allan Poe scheint spurlos verschwunden. Erst eine Woche später wird er orientierungslos und verletzt aufgegriffen. Er trägt einen Anzug, der ihm ganz offensichtlich nicht gehört und dessen Herkunft rätselhaft bleibt.

Poe wird ins Krankenhaus gebracht, wo man ihn zunächst in einer Abteilung für obdachlose Saufbrüder unterbringt. Als nach einer eingehenden Untersuchung feststeht, dass der Verletzte überhaupt nichts getrunken hat, wird angenommen, dass er einer Gewalttat zum Opfer gefallen ist. Das mysteriöse Verschwinden Poes fällt genau in die Zeit, als in Maryland ein sehr aggressiver Wahlkampf geführt wurde. Es kann nicht ausgeschlossen werden, dass Poe von sogenannten Wahlschleppern zur Stimmabgabe für einen bestimmten Kandidaten gezwungen und dabei schwer verletzt worden war.

Edgar Allan Poe stirbt am 7. Oktober 1849, vier Tage nach seiner Einlieferung ins Hospital. Er war noch einmal kurz aus dem Koma erwacht, sagte aber nichts mehr. Als offizielle Todesursache wurde ein Schlaganfall angegeben. Neueren Erkenntnissen zufolge könnte er aber auch durch den Biss eines tollwütigen Tieres gestorben sein. Die Spekulationen über den Grund seines Todes schießen bis heute ins Kraut.

Yvette Vickers – Mumiengeheimnis

Im Science-Fiction-Film »Angriff der 20-Meter-Frau« rächt sich eine von Außerirdischen zur Riesin verwandelte Frau an ihrem betrügerischen Ehemann. Der Film aus dem Jahr 1958 ist Kult, und die 20 Meter große rasende Frau, gespielt von

Yvette Vickers, wurde zur Grusel-Ikone. Der *Playboy* fand die Schauspielerin beispielsweise so attraktiv, dass sie im Juli 1959 zum »Playmate of the Month« avancierte.

Yvette Vickers wird als Lola Yvette van Vedder 1928 in Kansas City geboren. Ihr Vater ist der Jazzmusiker Charles Vedder. Wegen seiner wechselnden Engagements reist die kleine Familie durch ganz Amerika. Bereits während ihrer Schulzeit in Los Angeles tritt Yvette in lokalen Theaterproduktionen auf. Zufällig sieht Regisseur Billy Wilder das talentierte junge Mädchen und gibt ihr 1950 eine kleine Rolle in seinem berühmten Drama »Boulevard der Dämmerung«.

Bekannt wird Vickers später vor allem durch B-Movies. Ihre erste Hauptrolle hat sie im Krimi »Mit dem Satan auf Du«, danach dreht sie die Science-Fiction-Filme »Angriff der 20-Meter-Frau« und »Attack of the Giant Leeches«. Ihre Filmkarriere beendet Yvette 1991 mit dem Horrorfilm »Evil Spirits«. Acht Jahre später sieht man sie zuletzt im Fernsehen in einer Comedy-Serie.

Yvette Vickers hatte gute Gründe, um mit der Schauspielerei aufzuhören. Zum einen kümmerte sie sich um ihre kranken Eltern, zum anderen konzentrierte sie sich auf eine Karriere als Sängerin. Nach ihrem erfolgreichen Album »Yvette Vickers Sings« veröffentlicht sie als Hommage an ihre Eltern die Jazz-CD »Tribute to Charlie and Maria«. 2005 ist sie Stargast beim Toronto Classic Movie Festival.

Zwar ist Yvette stolz, dass sie auch im hohen Alter von ihren Fans noch umjubelt wird, dennoch werden ihre Auftritte schließlich immer seltener und letztlich taucht sie mit psychischen Problemen völlig ab. Sie glaubt, verfolgt zu werden, verlässt kaum noch das Haus und verbarrikadiert Türen und Fenster.

Spaziergänger gibt es nicht viele in Beverly Hills, und so fällt dann auch keinem auf, dass sich in dem Haus am Benedict Canyon Drive lange Zeit nichts mehr rührt. Es ist purer Zufall, dass der Nachbarin und Schauspielerkollegin Susan Savage auffällt, dass nebenan unheimliche Ruhe herrscht. Sie bemerkt, dass der Briefkasten überquillt und sich am Eingang Spinnweben sammeln. Susan Savage wird stutzig, offenbar ist die Tür seit langem nicht mehr geöffnet worden. Kurz entschlossen bahnt sie sich einen Weg ins Haus. Sie öffnet die Haustür, klettert über Berge von Fanpost, sieht, dass der Telefonhörer am Boden liegt, und hört, dass irgendwo ein elektrisches Heizgerät leise summt. Mit Mühe erreicht sie den ersten Stock – und macht einen grausigen Fund. Die sterblichen Überreste der 82-jährigen Yvette Vickers sind bereits mumifiziert. Susan Savage hat Yvette gekannt – immer elegant gekleidet, mit langen blonden Haaren unter einem großen Strohhut –, doch die Tote, die jetzt vor ihr liegt, entspricht dieser Erinnerung so gar nicht mehr. Die Obduktion ergibt, dass die Schauspielerin und Sängerin seit fast einem Jahr tot ist. Anzeichen für ein Verbrechen gibt es laut Polizei nicht. Als Todesursache wird Herzstillstand festgestellt.

Hollywood kann grausam sein. Yvette Vickers hatte mehr Talent als andere blonde Sexbomben, doch sie blieb bei gruseligen B-Movies hängen. Ihr Leben, das einst so verheißungsvoll begonnen hatte, fand letztlich selbst ein makabres Ende.

15.
Vor aller Augen

Mahmud al-Sawalka – Wie im richtigen Leben

Beim Method Acting arbeitet der Schauspieler mit Entspannungstechniken und Erinnerungen an seine eigenen Erfahrungen. Entwickelt wurde diese Methode, um die Schauspielkunst zu erlernen und anzuwenden, von Lee Strasberg. Im Gegensatz zu seinen berühmten Kollegen Marlon Brando oder Robert de Niro hatte der im Mittleren Osten bekannte jordanische Schauspieler Mahmud al-Sawalka vermutlich keine Ausbildung im Sinne des Method Acting. Trotzdem gelang ihm während der Dreharbeiten zur TV-Serie »Blood Brothers« hinsichtlich der Darstellung des wirklichen Lebens im Sinne des Method Acting eine Meisterleistung.

Im Mai 2004 ist Mahmud al-Sawalka in der jordanischen Hauptstadt Amman am Set, um für besagte Fernsehserie seine Todesszene zu drehen. Im Skript ist vorgesehen, dass der Fernsehschauspieler von einer Kugel getroffen wird und stirbt. Al-Sawalka soll, entsprechend den Anweisungen des Drehbuchs, von der Pistolenkugel tödlich getroffen, noch im Sterben seinem Film-Sohn die letzten Worte anvertrauen: »Begrabe mich mit deinen eigenen Händen.« Doch Mahmud weicht von seinem Skript-Text ab und haucht mit letzter Kraft stattdessen: »Ich glaube, ich werde jetzt bald sterben.« Die bizarre Prophezeiung erfüllt sich tatsächlich umgehend:

Der Schauspieler Mahmud al-Sawalka bricht vor laufender Kamera tot zusammen. Fassungslos muss die Filmcrew erleben, wie für ihn Fiktion und Wirklichkeit auf tragische Weise verschmelzen.

Bernhard Grzimek – Tierprofessor

Es vergeht fast kein Tag, an dem nicht Schlagwörter wie »Umweltschutz«, »Klimawandel«, »Pflanzen-« oder »Tierschutz« unsere Nachrichten beherrschen. In den 50er Jahren des vergangenen Jahrhunderts waren diese Themen noch unbedeutend, die Menschen hatten andere Prioritäten. Doch der Direktor des Frankfurter Zoos, Bernhard Grzimek, warnte schon mitten in der Wirtschaftswunderzeit davor, dass wir die Erde zerstören. Sein Hauptanliegen galt jedoch dem Schutz wilder Tiere. In seiner beliebten Fernsehsendung »Ein Platz für Tiere« präsentierte er mit näselnder Stimme jahrelang immer wieder bedrohte Tierarten. Viele erinnern sich vielleicht noch an die spannende Frage, welches »possierliche Tierchen« aus dem Frankfurter Zoo ihn diesmal ins Studio begleiten würde oder welchen »tierischen Schabernack« er sich wohl wieder ausgedacht hatte. Während eines offiziellen Banketts in Simbabwe holte Grzimek eine lebendige Gottesanbeterin aus seiner Jackentasche und steckte sie seiner Tischnachbarin ins Dekolleté, woraufhin die Dame in Ohnmacht fiel. Mehr oder weniger derbe Scherze waren eine Spezialität des Zoodirektors. Gerne platzierte er künstliche Hundehaufen oder Furzkissen, um sich dann über das Entsetzen der Reingelegten zu amüsieren.

Bernhard Grzimek, Jahrgang 1909, hatte Tiermedizin studiert, vielleicht wäre er in seiner schlesischen Heimat ein erfolgreicher Veterinär geworden. Als er jedoch Ende des Zweiten Weltkriegs auf den Ruinen des Frankfurter Zoos stand, wusste er, dass der Zoo und dessen Tiere seine Berufung waren. Unter den Trümmern hatten nur wenige Tiere überlebt, in der chaotischen Nachkriegssituation interessierte das jedoch kaum jemanden. Mit der ihm eigenen Hartnäckigkeit überzeugte Grzimek dann jedoch die alliierten Besatzer, bei der Futterbeschaffung und der Unterbringung der Tiere zu helfen.

Bereits in den 50er Jahren besucht Grzimek Afrika, um Elefanten, Gnus, Zebras oder Löwen für den Frankfurter Zoo zu beschaffen. Dabei erkennt er, dass in Tansania für wilde Tiere bald kein Platz mehr sein würde. Immer mehr Flächen für Ackerbau und Viehzucht bedrohten dramatisch deren Lebensraum. In seinem im Jahre 1954 veröffentlichten Bestseller »Kein Platz für wilde Tiere« macht er sich publikumswirksam zum Anwalt der bedrohten Lebewesen. Der gleichnamige Film bringt ihm dann nicht nur Anerkennung, sondern auch viel Honorar ein, das er für den Serengeti-Nationalpark verwendet.

Wie man die Grenzen eines Nationalparks festlegen soll, ist völlig unklar, damals weiß keiner, auf welchen Routen die großen Steppenherden wandern. Satellitennavigation gibt es nicht. Die einzige Möglichkeit, die Herden kartografisch zu erfassen, besteht darin, die Wanderungen aus der Luft zu beobachten. Kurz entschlossen macht Bernhard Grzimek deshalb, gemeinsam mit seinem Sohn Michael, den Flugschein und beschafft sich ein passendes Flugzeug. Bald kennt jeder die Maschine mit dem berühmten Zebra-Design. Die großen Herden aus der Luft zu zählen ist pedantisches wissenschaftliches Handwerk. Doch die Dokumentation ihrer Arbeit, der 1960 mit einem Oscar ausgezeichnete Film »Serengeti darf nicht sterben«, gilt bis heute als einer der spannendsten und bekanntesten Tierfilme aller Zeiten. Für Bernhard Grzimek ist die Arbeit in Afrika gleichzeitig Triumph und Tragödie. Sein Sohn verunglückt 1959 bei den Dreharbeiten tödlich. Ein Gänsegeier ist gegen eine Tragfläche der kleinen Maschine geprallt, er verlor die Kontrolle über das Flugzeug und stürzte ab.

Auch nach dem schmerzlichen Verlust seines Sohnes macht Grzimek weiter. Jedes Jahr reist er in sein geliebtes Afrika, um auf die bedrohte Natur aufmerksam zu machen. Er sieht es als sein Lebensziel, der Öffentlichkeit, vor allem der jungen Generation, seine Botschaft von einer intakten Umwelt nahezubringen. Im Film »Serengeti darf nicht sterben« heißt es: »Aber wenn ein Löwe im rötlichen Morgenlicht aus dem Gebüsch tritt und dröhnend brüllt, dann wird auch Menschen in 50 Jahren das Herz weit werden ...«

Im März 1987 besucht Grzimek den Zirkus Althoff in Frankfurt. Der ehemalige Zoodirektor interessiert sich für die spektakuläre Nummer mit zehn sibirischen Tigern. Während Grzimek von der Loge aus die imposanten Großkatzen verfolgt, kippt er plötzlich zur Seite. In aller Eile wird der prominente Gast aus dem Zelt gebracht. Doch jede Rettung kommt zu spät, der Arzt diagnostiziert einen Herzinfarkt. Bernhard Grzimek stirbt an einem Freitag, den 13. – seinem Glückstag.

Seine Asche wurde nach Tansania geflogen und wie die seines Sohnes am Rande des Ngorongoro-Kraters beigesetzt.

Vic Morrow – Der wahre Horror

Nicht nur Cineasten kennen die Komödie »Blues Brothers« oder den Horrorfilm »American Werewolf«. Regisseur und Autor beider Kultfilme ist John Landis. Komische und unheimliche Geschichten waren die Spezialität des Filmemachers, schon sein erster Film »Schlock, das Bananenmonster« ist ein Beweis seines Talents.

Geheimnisvolle und unerklärliche Erscheinungen sind auch das Thema der amerikanischen 50erjahre-Fernsehserie »Twilight Zone«. Als Landis zu Beginn der 1980er Jahre das Angebot bekommt, eine Kinoversion der beliebten TV-Serie zu drehen, zögert er nicht. Das Sujet ist genau nach seinem Geschmack: rätselhafte Vorkommnisse, eine Welt, die doppelbödig ist, sarkastisch und makaber. Wie makaber die Dreharbeiten werden sollten, konnte er zu Beginn allerdings nicht ahnen.

Im Film »Twilight Zone: The Movie« (deutscher Titel »Unheimliche Schattenlichter«) geht es um Traum und Wirklichkeit: Ein Mann verlässt ein Lokal und ist plötzlich an einem völlig anderen Ort, in einer anderen Zeit: Die Nazis haben Frankreich besetzt, der Protagonist wird verfolgt und springt aus dem Fenster – direkt in den Ku-Klux-Klan-Süden der USA. Wieder Verfolgung und Flucht. Die nächste Station ist der Vietnamkrieg. Er ist nicht mehr auf der Flucht, sondern blickt aus einem Zugfenster und ruft seinen Freunden zu, doch keiner hört ihn … Ende.

Anfang Juli 1982 sind die Dreharbeiten zum größten Teil abgeschlossen. Es fehlt nur noch eine Sequenz mit dem Hauptdarsteller Vic Morrow. Er soll in einem Kampfgebiet zwei vietnamesische Kinder vor einer Hubschrauber-Attacke retten. Das »vietnamesische Dorf« befindet sich allerdings nicht in Südostasien, sondern im kalifornischen Dunes Park, wo man eine Kulisse aus Bambusstangen, Palmblättern und Pappe aufgebaut hat.

In den USA ist es verboten, Kinder außerhalb der regulären Arbeitszeiten zu beschäftigen, doch Regisseur Landis will nicht auf Authentizität verzichten, und deshalb soll in der Nacht gedreht werden. Vor dem eigentlichen Höhepunkt, Vic Morrows nächtlicher Rettungsaktion der Kinder, werden noch dazugehörige Kampfszenen gefilmt, wobei Spezialeffekte Explosionen und Feuer erzeugen. Es ist aber kein harmloses Feuerwerk, weshalb der Pilot des Hubschraubers nach dem Dreh dieser Einstellung eindringlich vor einer akuten Absturzgefahr warnt, falls Sprengstoff zu nah am Fluggerät explodiere. Eine Warnung, die keiner hören will.

Am 23. Juli 1982, frühmorgens um 2:20 Uhr, fällt der Startschuss für die letzte Einstellung. Jeweils ein Kind unter dem Arm watet Vic Morrow durch knietiefes Wasser. Als der Helikopter auf der Bildfläche erscheint, ruft Regisseur Landis: »Tiefer!« Und kurz darauf: »Feuer!« Der Hubschrauber sinkt fast bis auf Armlänge über den Kopf des Hauptdarstellers, gleichzeitig geht ringsum alles in Flammen auf – das Special-Effect-Team leistet ganze Arbeit. Vietnamkrieg in Kalifornien: Überall knallt es, Feuer lodert, Rauch vernebelt die Sicht. Keiner bemerkt, dass der Pilot ein echtes Problem hat, er bekommt die Maschine nicht mehr unter Kontrolle, der Helikopter kommt ins Trudeln – unkontrollierbar, tödlich.

Morrow ist eines der Kinder entglitten, und noch während er nach dem kleinen Mädchen greift, wird es von einer

Kufe des Helikopters erschlagen. Dann kippt der Hubschrauber, und der Schauspieler und das zweite Kind werden von den Rotorblättern geköpft ...

Der Tod kennt kein Pardon!

David Alliot / Philippe
Charlier
TSCHÖ MIT Ö
Dumme Todesfälle aus
der Geschichte
Aus dem
Französischen von
Ulrike Werner-Richter
272 Seiten
ISBN 978-3-404-60785-3

Auch berühmte Menschen sind vor dem Sensenmann nicht sicher. Schlimmer noch: Wenn es Könige, Wissenschaftler oder Politiker trifft, wird es besonders kurios. Da findet ein französischer Präsident sein Ende schon mal zwischen den Beinen einer Mätresse. Das Herz eines schwedischen Monarchen macht nach 14 Portionen Nachtisch schlapp. Oder ein überheblicher Dichter wird von herumfliegenden Schildkröten erschlagen. Dieses Buch versammelt hundert absurde Todesfälle von der Antike bis heute: böse, skurril - einfach zum Totlachen!

Bastei Lübbe

Wellkam an Board

Juliane Zimmermann
DER TEUFEL STECKT
IM ICE
Die abgefahrensten
Erlebnisse einer
Zugbegleiterin
240 Seiten
ISBN 978-3-404-60817-1

Ständige Verspätungen, wirre Durchsagen, technische Störungen – die Zugbegleiterin Juliane Zimmermann weiß, worunter Bahnfahrer leiden. Sie leidet ja selbst. Dabei sind diese Ärgernisse nur die eine Seite der Medaille. Die andere Seite ist so mancher Fahrgast. Da gibt es welche, die nackt auf dem Tisch sitzen, ihr Glasauge in der Toilette verlieren oder sich für den Teufel höchst persönlich halten. Juliane Zimmermann hat die aberwitzigsten Geschichten aus ihrer Zeit bei der Bahn aufgeschrieben. Die perfekte Lektüre für alle, die trotz Wahnsinn auf Schienen immer wieder in den Zug steigen.

Bastei Lübbe

Werde Teil
der Bastei
Lübbe Welt

www.lesejury.de

Lesen,
rezensieren,
Bücher
gewinnen

Lerne Autoren,
Verlagsmitarbeiter
und andere
Leser kennen

BASTEI
LÜBBE
www.luebbe.de